평 신 도 양 육 교 재

예수를 따르는 삶
Life Following Jesus

인도자용

KB206005

생명을 살리는 삶

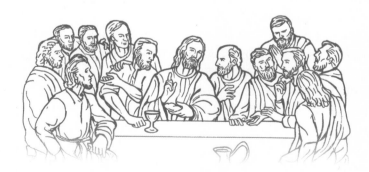

평신도양육교재

예수를 따르는 삶

생명을 살리는 삶

발행일 : 초판 1쇄 인쇄 2008년 8월 21일
          개정판 1쇄 인쇄 2014년 3월 14일
발행인 : 우순태
편집인 : 유윤종
책임편집 : 강신덕
기획/편집 : 전영욱, 강영아
디자인/일러스트 : 최동호, 권미경, 오인표
홍보/마케팅 : 강형규, 박지훈
행정지원 : 조미정, 신지현

펴낸곳 : 도서출판 사랑마루
          서울시 강남구 테헤란로 64길 17(대치동)
대표전화 : TEL (02) 3459-1051~2/ FAX (02) 3459-1070
홈페이지 : http://www.eholynet.org, http://www.ibcm.kr
등록 : 2011년 1월 17일 등록번호/ 제2011-000013호
갑은 뒷표지에 있습니다. 잘못된 책은 구입하신 곳에서 교환해 드립니다.
ISBN : 978-89-7591-315-0 04230

Contents

평신도 양육교재 **예수를 따르는 삶**

- 교육과정개발 : 남은경
- 교재집필 : 정원영 정방원
- 교재개정 : 박향숙

평신도 양육교재
예수를 따르는 삶
Life Following Jesus

발간사

평신도를 예수님의 제자로

평신도는 단지 예배 참석자가 아닙니다. 평신도는 목회의 동역자입니다. 평신도가 예수님의 제자로 세움을 입어서 주님의 명령(마 28:18-20)대로 가르쳐 지키게 하는 사명을 감당해야 합니다. 평신도들이 사역의 주체가 될 때, 아름다운 주님의 교회가 세워지고 하나님의 나라가 확장될 것입니다.

교단창립 100주년 교육사업의 일환으로 성결교회 평신도 제자화 교육과정을 개발하고 4종류의 교재를 만들었습니다. 그것은 '새신자교재→세례교재→양육교재→사역교재' 입니다. 교회에 처음 나온 새신자도 반드시 사역자로 양성하겠다는 의지가 담겨있는 시리즈 교재입니다. 이 교재에 담겨있는 핵심 키워드는 '구원→믿음→생활→사역' 입니다.

성결교회의 모든 신자들은 하나님의 은혜로 구원받아 온전한 믿음을 가지고 삶이 변화되어 주님의 사역자로 세움을 입어야 합니다. 교회에서는 새신자들이 새신자교육과 세례교육을 언제든지 받아서 온전한 신앙을 형성할 수 있도록 도와야 합니다. 그리고 양육과 사역교재를 통하여 평신도 사역자를 키워야 합니다. 만약 신앙연수가 오래되었지만 신앙이 성숙치 못한 신자가 있다면, 양육교재와 사역교재를 통하여 건강한 사역자로 세움을 입을 수 있을 것입니다.

성결교회의 새로운 100년을 맞이하면서 목회현장에 실제적으로 도움이 될 교재가 개발된 것은 참으로 기쁘고 감사한 일입니다. 앞으로 평신도들이 주님의 몸 된 교회의 주체가 되고, 역사의 책임 있는 존재가 될 수 있도록 돕는 교재들이 지속적으로 개발될 것입니다. 아름다운 주님의 비전을 꿈꾸며 새 역사의 주인공이 됩시다.

기독교대한성결교회 총무 **우순태** 목사

성숙한 신앙인은 세상 사람들의 눈으로 보기엔 불편하게 사는 사람일 것이다. '주님이 원하시는 삶은 어떤 것일까?' '주님은 이럴 때 어떤 결정을 내리실까?' '내가 진정한 주님의 제자라면 어떻게 행동해야 할까?' 라는 고민을 가지고 사물을 대하고 세상을 살아가기 때문이다. 하지만 궁극적으로는 세상에 대한 이러한 질문, 그리고 그 대답에 따라 불편하더라도 당당하게 살아나갈 때, 우리는 참다운 기쁨이 넘치는 삶을 살 수 있다는 것을 잘 알고 있다. 모든 성결교인들이 이러한 기쁨을 누리며 살기를 바란다. 이를 위하여 양육교재가 도움이 되기를 바라며, 몇 가지 사항을 일러두고자 한다.

첫째, 본 교재는 성인 양육을 위한 교재이다. 여기에서 성인은 법적으로, 사회적으로, 경제적으로 자립할 수 있는 사람이며, 생물학적으로 아이를 가질 수 있는 육체적으로 성숙한 사람이며, 심리학적으로 청년기를 지나고 삶의 특별한 과정을 경험한 사람이며, 교육적으로 그가 속한 사회와 문화가 마련한 어느 정도의 학교 교육을 성취한 사람이다. 또한 신앙인으로서 자신의 생애를 통하여 삶의 스타일(life style)을 형성해 가는 존재이며, 영적으로 성장 발달해 가는 존재이다.

둘째, 본 교재는 평신도를 위한 교재이다. 대부분의 내용은 일상생활에서 겪을 만한 상황이나 생각해 보아야 할 만한 주제와 내용을 담고 있다. 여기서 평신도의 의미는 단순히 교회의 구성원 중에서 평범한 사람을 의미하는 것이 아니라 교회의 대부분을 차지하는 구성원으로서 주님의 자녀이며, 제자이고, 교회를 교회되게 이끌어 가야하는 각 지체를 의미한다. 따라서 이 양육의 과정을 통하여 평신도는 더욱 성장하여 목회의 동역자로서 하나님께서 허락하신 사역의 한 부분을 감당할 수 있도록 성숙하여야 한다. 이 교재를 잘 마친다면 교회에서는 집사나 구역장 등의 역할을 맡겨도 될 정도의 훈련이 이루어질 것이다.

셋째, 본 교재 교육과정의 내용 범위는 교단의 사중복음을 서울신학대학교 성결교회신학연구회가 이 시대의 언어로 표현한 '생명', '사랑', '회복', '공의'의 신학적 설명으로 한다. 그래서 이제까지 성결교회의 교육이 개인의 영혼 구원과 개인적 삶에 있어서의 성결에 집중하였다면, 이제는 사회의 보편 가치들에 대한 복음적 시각을 갖는 데까지 교육의 목표와 장(場)을 확대하고자 한다. 그래서 생활의 모든 영역에서 구체적인 문제와 사회적, 문화적, 윤리적, 정치적, 생태적 차원까지 다루고 있다.

넷째, 이 교재는 단순히 읽기용 책이나 답을 달기 위한 성경공부 교재가 아니라 모임의 참가자들이 함께 각 주제에 따라 고민하고, 결단하고, 실천하는 워크숍 교재에 가깝다. 따라서 참가자의 답 달기와 인도자의 답 해설에 의존하는 다소 구태의연한 성경공부 교재가 아니라 함께 목적을 위하여 삶을 연습해 가는 안내서이다. 이 교재를 바탕으로 서로 격려하고, 섬김을 베풀고, 감사를 표현하는 과정을 통해 더욱 풍성한 하나님의 은혜를 누리게 될 것이다.

이러한 본 교재를 가지고 모임을 인도하게 될 인도자는 비록 목회자이거나 지도자라고 할지라도 무엇인가 지식을 가르치려고만 노력하는 것은 바람직하지 않다. 물론 이 과정을 잘 인도하기 위해서 본 교재의 각 과가 이루고자 하는 목표와 그에 따르는 내용들에 대해서는 철저하고 꼼꼼하게 준비해야겠지만 자신이 깨달은 바를 참가자들도 스스로 깨달을 수 있도록 인도해야 한다. 뿐만 아니라 인도자와 학습자간의 나눔을 통해서 서로의 은혜가 더욱 풍성해 질 수 있도록 배려해야 한다.

이 교재를 통해 자신의 영적인 성숙을 기대하는 학습자들은 단순히 성경의 지식을 더 얻겠다는 정도의 생각으로 임하거나, 성경에서 답을 찾아 빈칸을 채우는 다소 수동적인 자세만을 보이는 것은 바람직하지 않다. 자신의 경험과 생각을 함께 나누고 인도자의 답을 기다리기 전에 먼저 고민하고 성경의 의미를 깨닫기 위해 노력해야 한다. 그리고 결국에는 이러한 모든 것들이 나의 일상생활에서도 실천될 수 있도록 노력하겠다는 다짐 속에서 생활에 임해야 한다.

본 양육교재는 모두 8권, 각 권당 5과 씩, 총 40개의 주제를 다룰 것이다. 적지 않은 양이기는 하지만, 신앙인들이 교회에서나 사회에서 부딪히게 될 모든 주제들이 다 다루어 진 것은 아니다. 하지만 이 40개의 주제를 다루며 배우고, 생각하고, 느끼고, 결단하고, 실천하는 과정을 통해서 한 단계 더 성숙된 신앙인으로 나아갈 수 있는데 도움이 되리라 생각한다.

본 교재를 바탕으로 한 평신도의 양육이 성공적으로 이루어져서 모든 성도들이 교회뿐만 아니라 가정과 사회에서 주체적 존재가 되며, 성결교회의 교인으로서, 또한 그리스도의 제자로서 확고한 정체성을 갖으며, 마침내 이 땅 위에서 하나님의 뜻대로 살아가고 하나님의 나라를 이루어 내는 하나님의 사람으로 거듭나게 되기를 바란다.

5단원(생명)
생명을 살리는 삶

단원 설명

5단원은 '중생'을 주제로 다루었다. '중생'은 '우리의 행한 바 의로운 행위로 말미암지 아니하고 오직 그의 긍휼하심을 좇아(딛 3:5)' 가능한 은혜요 선물이다. '허물과 죄로 죽었던 우리가(엡 2:1)' '주 예수를 믿음으로(행 16:31)' 다시 살아나 생명을 얻게 되는 것이다. 즉 중생은 예수 그리스도를 통해 새로운 생명을 얻게 되는 것을 말한다. 이런 의미에서 '중생'은 '생명'으로 재해석된다. 5단원의 제목은 '생명을 살리는 삶'이다. 본 단원을 통해 학습자들은 예수 그리스도를 통해 새로운 생명을 얻은 기독교인으로서 다른 생명을 살리는 삶을 살고 있는지 확인하게 될 것이다.

중생하여 새로운 생명을 얻은 기독교인은 자신의 생명은 물론 다른 생명을 살리는 소명을 가지고 살게 된다. 1단원은 새로운 생명을 얻은 한 개인의 온전한 믿음의 삶에 초점을 두었고, 5단원은 생명을 얻은 기독교인의 사회적인 차원의 삶에 초점을 두었다. 생명을 얻은 기독교인의 소명에 대해 김대식은 다음과 같이 설명한다.

거듭난 기독교인은 그리스도의 생명을 나의 것으로 받아들이고, 그리스도의 생명 안에서 우주적 생명이 있음을 깨달아 생명의 영성을 품고 있는 사람이다. … 우리에게 요구되는 생명의 덕은 죽음의 상황에 처해있는 세상에 대해 굴하거나 절망하지 않고 희망의 눈을 가지고 생명이 온 인류를 구원하고 말 것이라는 확신이다. 그렇게 될 때에야 비로소 하나님께서 주시는 능력, 곧 생명을 되살리는 힘을 경험하게 될 것이다. 김대식, 『사중복음총서—중생 생명의 빛으로 나아가라』 중에서

기독교 공동체는 예수 그리스도를 통해 생명을 얻은 자들의 모임으로, 죽음에 처한 생명을 향해 희망을 선포하고 그 생명을 살리는 공동체이다. 따라서 기독교 공동체는 생명들이 살아나는 것에 헌신한다. 그리스도를 통해 모든 생명들이 자신과 이어져있는 한 공동체라는 연대의식을 갖기 때문이다. 또한 다른 생명들이 그리스도를 통해 하나님 안에서 한 지체임을 알기 때문이다. 이렇게 기독교 공동체가 생명이 살아나도록 헌신하는 것이 바로 전도이고 교육이며 봉사이자 선교이다.

각 과의 내용들은 새로운 생명을 얻은 자들의 삶이 어떠해야 하는지를 다루었다. 1과는 '누구를 위하여 살까?'이다. 록펠러는 죽음의 위기 앞에서 생명을 얻은 후 하나님의 영광을 위한 새로운 삶을 시작하였다. 새로운 생명을 얻은 자의 새로운 삶은 반드시 하나님의 영광을 위한 삶이 되어야 한다. 2과는 '고난을 만났을 때'이다. 삶의 의미를 잃게 만드는 고난을 만났을 때에도 기독교인들은 희망을 이야기할 수 있다. 죽음을 통해 인류를 살리신 그리스도의 능력으로 고난 속에서 절망하고 죽음으로 걸어가는 자들이 살아날 수 있도록 희망을 노래하자. 3과는 '나의 우상은?'이다. 이 시대의 우상인 돈과 물질이 하나님과 사람들의 관계를 단절시켜 생명의 활력과 본래의 사명을 잃게 한다. 사회 속에 만연한 우상들을 찾아내어 이 사회에 하나님의 풍성한 생명이 넘쳐나게 하자. 4과는 '생명을 살리는 삶'이다. 기독교인의 가장 중요한 사명은 복음을 통해 생명을 살리는 것이다. 지역사회에 복음을 전하여 생명을 살리는 것에 헌신하자. 5과는 '열매 맺는 삶'이다. 이 땅에서의 생명이 다하기까지 그리스도를 통해 받은 은혜를 나눔으로써, 기독교인으로 가치 있는 열매를 맺는 삶을 살자.

누구를 위하여 살까?

교육주제 삶의 목표 점검하기

배울말씀 누가복음 18장 18~23절, 19장 1~10절

도울말씀 창 26:12-13, 신 28:1, 마 6:33

새길말씀 그런즉 너희는 먼저 그의 나라와 그의 의를 구하라 그리하면 이 모든 것을 너희에게 더하시리라 (마 6:33)

이룰 목표

① 하나님을 위한 삶이 참으로 가치 있는 삶임을 안다.

② 하나님의 말씀에 순종하고 응답함으로 그의 부르심에 헌신한다.

③ 나의 삶이 하나님을 위해 사는 삶으로 변화되기 위해 무엇을 해야 하는지를 말한다.

교육흐름표

O.T.   관심   기억   반성   응답

교육진행표

구분	오리엔테이션	관심갖기	기억하기	반성하기	응답하기
제목		누구를 위해	관원과 세리의 차이	하나님이 원하시는 가치관은?	내 삶의 목표
내용	단원 설명, 자기소개	록펠러가 죽음의 위기 앞에서 삶의 목표를 바꾼 예화를 읽고 이야기하기	부자 청년과 삭개오는 예수님을 따르겠다고 결심했으나 재물에 대한 태도가 서로 달랐다.	부자 청년과 삭개오를 통해 기독교인은 재물에 대해 어떤 태도를 가져야 하는지 살펴본다.	같은 일을 하지만 다른 목표를 가진 석공의 예화를 읽고, 지금까지 살아온 자신의 인생목표를 점검하기
방법	강의, 발표	예화 읽고 이야기하기	성경 찾아 답하기	성경 찾아 답하기	예화 읽고 결단하기
준비물	출석부	여리고 돌무화과나무, 록펠러 사진			
시간	40분	20분	20분	20분	20분

말씀 이해

1. 부자 청년의 고민 (눅 18:18-23)

누가복음 18장에서는 본문의 주인공이 관원이라고 설명되어 있다. 그런데 마태복음 19장에서는 어떤 사람이라고 하면서 이를 청년으로 지칭하고 있다. 그리고 마가복음에서는 이 사람이라고만 언급하고 있으나 이들은 모두 한 인물이자 한 사건의 주인공이다. 또한 소유에 관해서는 마태복음은 그의 소유를 팔아 가난한 자들에게 나눠주라고 말하고 있는데 마가복음과 누가복음은 소유를 다 팔라고 말씀하고 있다. 소유를 조금 팔든, 다 팔든 이것이 중요한 것이 아니라 주님이 요청하심이 있을 때 그것에 응답할 수 있느냐, 없느냐가 중요한 것이다.

특별히 마가복음은 어려서부터 율법을 지켰다고 하는 그에게 예수께서 '사랑하시사'라고 표현하고 있다. 이 표현은 그가 율법을 지키며 하나님 나라에 대한 소망을 품고 있었음을, 그리고 삶의 현장에서 항상 하나님의 뜻 안에 있기를 바라는 신앙인이었다는 점을 알 수 있게 해 준다. 그런데 그는 이런 예수님의 요구에 결과적으로는 응답하지 못하고 근심하며 돌아가 버렸다. 예수님은 이 모습을 보고 '부자가 천국에 들어가는 것이 얼마나 어려운지 모른다'고 말씀하셨다. 자신의 재물을 버릴 수 없던 부자 청년은 결코 예수님의 뜻을 온전히 따를 수 없었고 새로운 삶으로 전환하는 것도 역시 어려웠다. 예수님이 참으로 원하셨던 것은 무엇이었을까? 재산을 파는 것이라기보다 그의 삶이 변화되기를 원하셨던 것이다. 자기중심적인 삶에서 하나님 중심적인 삶을 살아가기 원하시는 예수님의 깊은 뜻을 이해할 수 있어야 한다. 우리는 삭개오에게서 이러한 모습을 발견할 수 있다.

2. 삭개오 이야기의 배경

누가복음 19장에 나오는 삭개오는 세리장이었다. 로마는 식민지를 효율적으로 관리하기 위해 자치 정부를 허용하고 주요 도시에 세관을 두어 로마의 행정관리를 파견하였다. 그리고 세관원을 고용하여 인두세(人頭稅)와 지세(地稅) 같은 세금을 정기적으로 징수하게 하였다. 그러나 세관원이 직접 할 수 없는 경우에는 청부업자에게 하청을 주었다. 청부업자는 먼저 세금을 대납한 후 세금을 징수하여 자기의 재산을 축적해 갔다. 이런 청부업자는 로마인뿐 아니라 식민지 현지인들이 대신하는 경우도 많이 있었는데, 본문에 등장하는 삭개오가 유대인으로서 청부업자가 된 현지인이라고 할 수 있다.

온갖 세금이 강제로 징수되는 고통스런 상황으로 인해 유대인들은 분노하였고 로마에 보낼 세금을 거둬들이는 세리들을 저주의 대상으로 삼았다. 더구나 로마인이 아닌 현지인 세리들은 민족의 반역자로까지 여겨지게 되었다. 세금을 징수하는 것이 공공 과세의 범위를 훨씬 뛰어넘어 세리들의 치부를 위한 방안이 되었기에, 세금을 징수하는 것이 하나님을 향한 일종의 범죄로 이해되었다. 또한 세금징수는 로마를 돕는 직접적인 일이었기에 유대인들은 세리를 민족의 변절자로 간주하여 천시하고 멸시하였다. 이러한 악순환이 세금의 착복으로 이어지고 백성이 이들을 더욱 멸시하여 유대사회에서 세리는 도덕성을 무시한 범죄자요 죄인 중의 죄인으로 분리되었다.

3. 삭개오의 변화(사진 자료) (눅 19:1-10) (사진 자료)

그런데 유대인에게 있어서 죄인 중의 죄인인 세리에게 예수님이 찾아오셨다. 예수님께서 당신을 만나기를 원하는 삭개오를 찾아오셔서 그의 집에 들어가 음식을 나누고 구원을 선포하셨다. 이 사건은 단순히 삭개오에게 국한된 것이 아니라, 죄의 사슬 아래 있는 모든 인류에게 찾아오셔서 함께하시며 구원하시는 예수님의 거룩한 표출이기도 하다. 어떻게 모든 민족이 죄인으로 취급하는 세리 삭개오가 구원을 받을 수 있었는가? 앞 본문인 누가복음 18장의 관원과 관련하여 생각해 보자. 삭개오는 예수님을 만난 후 스스로 토색한 것을 4배로 갚고 소유의 절반을 가난한 자들을 위해 쓰겠다고 하였다. 이렇게 삭개오는 자기중심적이고 이기적인 가치관을 버리고 천국을 소유한 백성의 가치관으로 변환을 이루었기에 구원을 받을 수 있었다. 즉 천국을 소유하는 것은 재산의 유무로 결정되는 것이 아니라 천국을 향한 가치관을 갖고 있는지의 여부로 결정되는 것이다.

관원과 삭개오의 반응이 참 대조적이다. 중요한 것은 재산을 다 내놓든지 그렇지 않든지 하는 문제가 아니라 하나님 중심적인 삶으로 전환하느냐 못하느냐 하는 것이다. 예수 그리스도를 진실로 영접한 사람은 삶의 목표와 방식이 변화된다. 우리는 이 본문에서 변화된 삭개오의 모습을 발견하고, 내 삶의 변화를 원하시는 예수님의 숨은 의도를 읽을 수 있어야 한다.

관심갖기

누구를 위해

아래의 글을 읽고 주어진 질문에 답해 봅시다.

(사진 자료)

가난한 행상의 아들로 태어난 한 청년이 있었다. 그는 가난에 한을 품고 무섭게 일했다. 야심찬 사업가로 변신한 그의 인생철학은 "나를 위해! 돈을 위해!"였다. 청년은 미국 석유업의 90% 이상을 차지하는 세계적인 대부호로 성장했다. 그 과정에서 그는 노동자들의 노동력을 심하게 착취했다. 사람들은 존경심이 아닌 돈 때문에 그에게 무릎을 꿇었다. 그의 나이 쉰 셋. 그의 몸과 마음이 심하게 망가져 있었다. 심한 노이로제와 소화불량, 무력감과 악몽…. 의사가 그에게 죽음을 준비하라고 했다. 그때 죽음 앞에서 그는 주님을 새롭게 만나고 주님을 진정으로 영접했다. 그제서야 그는 자신의 인생관을 "하나님을 위해! 이웃을 위해!"로 바꾸었다. 그는 거액을 쾌척해 시카고대학을 설립하고 리버사이드 교회를 세웠다. 여생을 "교육", "선교", "사랑실천"에 쏟았다. 그는 베푸는 삶을 통해 건강을 되찾았고, 이 세상에서 가장 많은 돈을 남을 위해 사용한 사람이 되었다. 그는 무려 7억 달러를 자선사업에 기부했다. 그 당시 경제 규모로 보았을 때 정말 엄청

나게 큰 액수이다. 그의 자식들이 자선사업에 쓴 돈까지 합하면 25억 달러가 넘는다. 그가 바로 98세까지 장수한 록펠러이다.

오직 성공을 위해 달려야 했던 록펠러는 58세에 죽음의 위기를 맞았다. 그러나 그때 주님을 만났고 삶이 변화되어 그때부터 하나님의 일에 정진하였다. 록펠러는 세계적인 부자였다. 성경에 나오는 관원보다 더 큰 부자였다. 성경은 부자가 천국에 들어가기가 참으로 어렵다고 했다. 정말 부자는 천국에 가기가 어려운 것일까?

1. 기독교적 관점에서 록펠러를 진정한 부자라고 할 수 있는 때는 언제입니까?

58세 이후 죽음의 고비에서 하나님을 만난 후부터

기독교인은 재물관에 있어서 소유의 많고 적음을 중요한 것으로 판단해서는 안 된다. 자기가 가지고 있는 재물을 어떤 시각으로 보는가가 진정 중요한 문제이다. 기독교인은 재물에 대해 나의 것이 아니라 하나님께서 맡겨주신 것으로 이해해야 한다. 소유의 주인은 하나님이시기에 나는 그저 이를 위임 받아 관리하는 것일 뿐이니, 재물이 하나님 나라와 하나님의 영광을 위해 사용될 때 그 의미와 가치가 있다고 할 수 있다. 그러므로 록펠러는 죽음에 대한 선고를 받은 이후 하나님을 진정으로 만나 부에 대한 가치관이 바뀐 이후부터 신앙인으로서 진정한 부자가 되었다고 할 수 있다.

2. 기독교적 관점에서 부자는 누구와 함께할 때 부자라고 할 수 있습니까? 나 자신은 그런 의미에서 부자라고 말할 수 있습니까?

하나님의 관점에서 생각하고 행동할 때, 곧 주님과 함께할 때 진정한 부자라고 할 수 있다.

서로 자신의 이야기를 나누어 보자.

기독교인은 하나님과 함께해야만 바른 재물관을 가질 수 있다. 소유가 적더라도 그 적은 소유를 하나님을 위해 쓸 줄 알게 될 때 우리는 진정으로 부자라고 할 수 있다. 학습자들이 지금 가진 소유가 적더라도 주님을 위해 사용할 수 있다면 이미 하나님께로부터 부자라고 인정 받은 사람들이라는 것을 깨달을 수 있도록 돕자.

평신도 양육교재
기억하기
관원과 세리의 차이

배울말씀인 누가복음 18장 18-23절, 19장 1-10절을 읽고 주어진 질문에 답해 봅시다.

사람은 누구나 지향하는 바가 있고 기준이 있다. 어떤 것에 더 관심을 갖고 살아가고 있는가? 그리고 그것은 과연 하나님 중심적인가, 아니면 자기중심적인가? 이런 문제는 사람마다 다른 답을 가지고 있다. 왜냐하면 이것은 가치의 문제이기 때문이다. 이제 본문의 말씀들을 통해 인생이 지향해야 할 바는 과연 무엇이고 오늘 나는 무엇을 향해 있는지 살펴 보자. 그리고 이를 통해 우리의 신앙을 점검해 보자.

1. 영생에 대해 관심을 갖고 있던 이 관원에게 예수님이 원하셨던 것은 무엇입니까? (눅 18:22)

소유를 팔아 가난한 자들에게 나누어 준 후 주님을 따르는 것

예수님이 이 관원에게 원하셨던 것은 두 가지이다. 하나는 소유를 팔아 가난한 자들에게 나누어 주는 것이었다. 다른 하나는 그런 후에 주님을 따르는 것이었다.

보통 사람들은 '소유를 다 팔라'고 한 점에 초점을 둔다. 그러나 소유를 파는 것은 시작에 불과할 뿐이다. 소유를 팔기 시작하는 것은 주님의 말씀을 따르겠다는 의지를 표현하는 것이다. 그러므로 만약 그가 소유를 팔기 시작했다면 주님은 그의 시작을 기뻐하시며 그를 사용하기 시작하셨을 것이다.

2. 예수님의 요구를 들은 후, 이 관원은 어떻게 했나요? 그리고 그것은 어떤 의미일까요? (눅 18:23)

근심하고 돌아갔다. 이는 자기중심적이었던 삶을 하나님 중심적인 삶으로 전환하지 못했다는 것을 의미한다.

관원은 근심하고 돌아갔다. 근심한 이유는 소유를 팔 자신이 없었기 때문이다. 주님은 그가 자신의 소유를 팔고 주님을 따르기를 원하셨다. 다시 말해 예수님은 소유를 팔아 가난한 자들을 찾아가기 시작하는 관원의 모습을 보고 싶으셨다. 그의 재물을 원하신 것이 아니라 그의 가치관이 변화되기를 원하셨던 것이다. 그러나 관원은 재물을 버릴 수가 없었다. 그는 자기 자신을 위한 삶에서 주님을 위한 삶으로 전환하지 못했기에, 근심할 수밖에 없었다.

3. 삭개오는 예수님을 만난 후 빼앗은 것은 4배로 갚고 소유의 절반을 가난한 자들을 위해 쓰겠다고 결단했습니다. 이 결단은 어떤 의미를 갖고 있을까요? (눅 19:8)

자기중심적인 삶에서 하나님 중심적인 삶으로 전환하는 것, 즉 주님과 동행하는 삶을 결단하는 것

삭개오는 자신의 재물을 내어 놓겠다고 말하였다. 소유의 전부를 내놓겠다고 말하지는 않았다. 그러나 예수님은 이런 삭개오를 보고 구원을 선포하셨다. 자신의 소

유를 내서 가난한 자들을 위해서 쓰겠다고 하는 것은 자기중심적이었던 삭개오가 하나님 중심적으로 변화되었다는 것을 보여준다. 삭개오의 가치관이 변한 것이다.

관원은 예수님을 만났다. 그리고 영생에 대해 물었다. 그러나 예수님께서 요구하신 '소유를 팔아 가난한 자들에게 나눠주고 나를 좇으라'고 하신 말씀에 근심하고 돌아가 버렸다. 과거의 삶의 방법, 과거의 사고방식, 더 나아가 과거의 재물관을 버리지 못한 것이다. 그런데 삭개오는 어떠한가? 예수님을 만난 후 자발적으로 자기 소유의 절반을 내고 토색한 것은 4배로 갚겠다고 말하고 있다. 재물관이 변한 것이다. 자기중심적 사고에서 하나님 중심적 사고로 변화된 삭개오는 구원을 선포 받게 된다. 이것이 바로 주님이 원하시는 것을 향해 돌아서는 신앙인의 자세이다. 하나님 중심으로 살기를 원하는가?

하나님이 원하시는 가치관은?

1. 관원(부자 청년)과 세리(삭개오)를 비교하여 다음 표를 완성해 봅시다.

구분	직업	재산	예수님을 만난 후 가치관의 변화	예수님을 만난 이후의 모습
관원	관원	큰 부자	변화하지 못함	근심하고 돌아감
삭개오	세리장	큰 부자	변화 됨	소유를 팔고 빼앗은 것은 4배로 갚기로 함

관원과 삭개오의 반응은 너무나 다르다. 한 사람은 근심하고 돌아갔지만 한 사람은 자기 소유물을 내어 놓기 시작하였다. 즉, 가치관이 변화된 사람은 그의 재물에 관한 태도도 변했다. 가치관의 변화가 사람을 변화시킨다.

2. 토색한 것을 4배로 갚고 소유 절반을 내놓은 삭개오는 어떻게 되었을까요? 창세기 26장 12-13절의 말씀을 참고로 생각해 봅시다.

각자의 생각을 나누어 본다. 예를 들면 하나님께서 더 큰 축복을 하셔서 더 크게 사용하셨을 것이다.

예수님께서 모든 소유를 팔아 가난한 자들에게 나눠주고 나를 따르라고 말씀하셨을 때 만약 관원이 그 말씀을 따라 소유를 팔았다면 그는 어떤 사람이 되었을까? 모든 소유를 팔아버림으로 실패하고 가난한 사람이 되었을까? 아마 그렇지 않았을 것이다. 아마도 그가 가난한 자들을 위해 그 소유를 팔기 시작할 때, 다시 말해 자신의 재물관을 변화시켜 자기중심적 사고를 하나님 중심으로 바꾸어 낼 때 오히려 하나님이 더 크게 그를 축복해 주셨을 것이다. 삭개오는 자신의 소유를 내 놓았다. 그랬다고 그가 망해서 실패하고 가난뱅이가 되었을까? 성경의 많은 인물들이 하나님께 자신의 것을 드림으로 오히려 큰 복을 받았다. 삭개오가 어떻게 되었을지 재미있는 상상을 해보자.

3. 하나님께 더욱 크게 쓰임을 받기 위해서는 하나님의 선한 뜻을 위해 나의 것을 사용할 준비가 되어 있어야 합니다. 그렇다면 지금 내가 해야 할 일은 무엇입니까? (신 28:1)

자기중심적인 가치관을 버리고 하나님 중심적인 가치관을 선택하는 것이다.

하나님은 소유의 많고 적음에 관심을 갖지 않으신다. 하나님은 우리들의 재물을 사용하셔야만 할 정도로 가난한 분이 아니시다. 모든 만물의 주인이시다. 단지 하나님은 당신에게 마음을 드리는 우리의 자세를 원하신다. 많이 가지고 있어도 주님을 위한 가치관을 갖지 못한 사람은 절대로 쓰임 받을 수 없으며 하나님께서 쓰시지도 않는다. 그러나 비록 외형적으로 소유가 적더라도 주님을 위한 가치관을 가지고 있다면 하나님은 그를 사용하신다. 오히려 더 큰 축복을 통해 더 크게 사용하신다. 그러므로 지금 자신의 소유가 적다고 해서 하나님의 일을 할 수 없다고 생각해서는 안 된다. 가진 것이 적더라도 주님을 위한 삶을 살고 있으면 하나님이 들어 크게 사용하실 것이다.

4. 그렇다면 우리가 가장 먼저 추구해야 하는 것은 무엇일까요? (마 6:33)

먼저 그의 나라와 그의 의를 구하라 그리하면 이 모든 것을 너희에게 더하시리라 (마 6:33) / 가치관의 변화 – 하나님을 위해 내 것을 사용할 수 있는 인생의 전환점을 갖는 것

부자가 천국에 들어갈 수 없는 것이 아니라 하나님 중심적인 가치관을 가지지 못한 사람이 천국에 들어갈 수 없는 것이다. 진정한 기독교인은 소유의 많고 적음에 관계없이 자신의 것을 주님을 위해 사용할 수 있는 사람이다. 그런 사람이 천국을 소유한 사람이며 예수 그리스도를 영접한 사람이다. 성경에 나온 관원은 자기중심적인 삶을 사면서 성공을 향해 달려왔다. 세상 사람들이 보기에는 참으로 열심히 살아온 사람이다. 그러나 그 삶에는 남을 위한 베풂도 주님을 위한 헌신도 없다. 그런 그는 결코 천국에 들어갈 수 없다. 삭개오도 이 관원처럼 부자이다. 그도 성공을 향해 달려온 사람이다. 그런데 예수님이 그에게 모든 것을 다 팔아 가난한 자들에게 나눠주라고 하신 것이 아니다. 가치관이 변화된 삭개오가 먼저 자신이 빼앗은 것은 4배로 갚고 소유 절반을 내어 가난한 자들을 위해 쓰겠다고 말했다. 다시 말해 그는 지금까지는 자신의 성공만을 위해 살았지만 이제는 주님의 선한 뜻을 이루며 주님을 위한 삶을 살겠다고 스스로 다짐한 것이다. 인생의 목표를 새롭게 설정한 것이다. 지금 우리는 어떠한가? 많은 재산을 가지고 있는가? 그런데 만약 아직도 자기중심적이라면 지금이라도 빨리 변화해야 한다. 비록 적은 것을 가지고 있더라도 주님을 위해 사용할 준비가 되어 있다면 당신이 삭개오와 같이 변화된 바로 그 사람이다.

응답하기

다음은 세 명의 석공에 관한 이야기입니다. 함께 읽고 주어진 질문에 답해 봅시다.

예배당을 짓는 세 사람이 있었습니다. 그런데 세 사람의 석공은 똑같은 일을 하고 있으면서도 얼굴 표정과 일하는 태도가 너무나 달랐습니다. 어떤 사람이 그들에게 다가가서 물었습니다.

"당신은 왜 그 일을 하고 있습니까?"

첫 번째 석공에게 물었더니 그는 이렇게 대답했습니다.

"죽지 못해 이 짓을 하고 있소. 먹고 살아야 해서요."

같은 질문에 대해 두 번째 석공은 이렇게 대답했습니다.

"처 자식을 먹여 살리기 위해 이 노릇을 하고 있습니다."

그런데 세 번째 석공은 대답이 달랐습니다.

"저는 이 세상에서 가장 훌륭한 예배당을 짓기 위해서 일하고 있습니다. 내가 정성스럽게 이 돌을 쪼면 장엄하고 웅대한 예배당이 만들어집니다. 나의 정성과 능력이 하나님께 영광이 된다고 생각하면 기쁨과 보람을 느낍니다."

이들 세 석공들의 말년이 어떠했을까는 미루어 짐작할 수 있습니다. 아마도 첫 번째 석공이나 두 번째 석공은 현재 상태 그대로 돌을 쪼는 석공으로 그쳤을 것입니다. 그들에게는 비전이 없었기 때문입니다. 자신이 하고 있는 일에 대한 긍지와 소명이 없었기 때문입니다. 자신의 일에 대한 자긍심이 결여되어 있던 것입니다.

어쩌면 세 번째 석공은 결코 석공에 머물지 않았을 것입니다. 그에게는 꿈이 있었습니다. 그는 자신의 재능이 하나님을 위해 사용된다는 의미를 가지고 있었습니다. 아마도 그는 그 방면에 뛰어난 기술자가 되었거나 건축기사나 건축업자로 성장해 있을지도 모릅니다. 왜인가요? 사고 방식(가치관)이 그것을 가능하게 하기 때문입니다.

"짧은 얘기 긴 여운"에서

1. 지금까지 가지고 살아온 삶의 목표에 대해서 구체적으로 이야기해 봅시다.

   자연스럽게 서로의 삶의 목표에 대해서 나누어 보자.

   자신의 목표를 이야기하도록 한다. 거대한 계획이든 단기적인 계획이든 다 좋다.
   그러나 그러한 목표들이 결국 추구하는 것이 무엇인지에 관해 이야기할 수 있도
   록 하자. 그 계획이 자아실현이나 자기완성을 위한 자기중심적인 것인지 아니면
   하나님 중심적인 것인지를 살피도록 한다.

2. 하나님이 원하시는 삶의 목표를 찾아서 고백해 봅시다.

   자신이 소망하는 새로운 삶의 목표에 대해서 진지하게 고민하고 이야기 해 본다.

   하나님 중심의 변화된 가치관을 가지고 자신의 삶의 목표를 생각해 보도록 한다.
   본 장을 공부하기 이전에 가졌던 계획이나 목표들이 본 장을 공부하면서 어떻게
   변화되었는지를 표현해 보도록 하자. 다른 사람들의 이야기를 들으며 어떤 것이
   바른 변화인지 살피게 한 후 함께 이야기해도 좋다.

새길말씀 외우기

그런즉 너희는 먼저 그의 나라와 그의 의를 구하라 그리하면 이 모든 것을 너희에게 더하시리라 (마 6:33)

결단의 기도

우리를 사랑하시는 하나님 아버지, 하나님께서는 우리가 가진 것의 많고 적음이 아니라 하나님을 향한 우리의 마음을 보시고 우리를 사용하신다는 것을 깨닫게 하시니 감사드립니다. 자기중심적이었던 우리의 삶의 모습을 용서하시고 하나님을 중심으로 살아가는 삶을 살게 해 주옵소서. 예수님 이름으로 기도합니다. 아멘.

평신도 양육교재
평가하기

평가항목	세부사항	그렇다	그저 그렇다	아니다
인도자의 준비도	인도자는 본 과의 교육목적을 이룰 수 있도록 충분하게 준비했습니까?			
교육목표의 성취도	학습자들이 삶의 목표를 재정립하고 하나님 중심적인 가치관으로 살기를 결단했습니까?			
학습자의 참여도	학습자들이 진지하고 적극적인 태도로 성경공부에 임했습니까?			
성경공부의 분위기	성경공부를 진행하는 동안의 분위기가 자연스럽고 편안했습니까?			
기타 보완할 점	기타 보완할 점이나 건의사항이 있습니까?			

MEMO

고난을 만났을 때

교육주제 고난은 하나님이 준비하신 또 다른 기회이다.

배울말씀 민수기 22장 7-12절

도울말씀 렘 29:11-13, 시 119:71

새길말씀 너는 내게 부르짖으라 내가 네게 응답하겠고 네가 알지 못하는 크고 은밀한
일을 네게 보이리라 (렘 33:3)

이룰 목표

① 고난은 신앙과 인격이 성숙할 수 있는 기회임을 안다.

② 고난 중에도 좌절하지 않고 소망을 품고 살 것을 결단한다.

③ 고난의 과정 속에서 하나님의 뜻을 발견한다.

교육흐름표

40 min	20 min	20 min	40 min
관심	기억	반성	응답

교육진행표

구분	관심갖기	기억하기	반성하기	응답하기
제목	고난을 만났을 때	고난에 대한 시각	기독교인의 고난	"삶은 여전히 아름답다"
내용	많은 고난을 겪은 링컨의 예화를 읽고, 고난이 자신의 삶에 미친 영향에 대해 이야기하기	전쟁의 위험 중에 있는 백성을 복 받은 자로, 포로기 중에 있는 자들을 평안과 소망이 있는 자로 말씀하신 하나님의 관점을 이해한다.	기독교인에게 고난이 축복이 될 수 있는 비결을 찾아보고, 고난을 대하는 기독교인의 태도가 어떠해야 하는지 생각해본다.	닉 부이치치의 예화를 읽고, 현재의 고난 속에서 희망을 발견할 것을 결단하고 서로 격려한다.
방법	예화 읽고 이야기하기	성경 찾아 답하기	성경 찾아 답하기	예화 읽고 결단하기
준비물	느보산에서 본 모압평지, 링컨 사진	척박한 광야 사진 관점 차트		닉 부이치치 사진 주님 손잡고 찬양 악보
시간	40분	20분	20분	40분

말씀 이해

1. 본문의 배경

가데스 반역 사건(민 14:22-25)으로 출애굽 1세대들이 물러나고 2세대로 변화하는 시점에 있는 이스라엘이 이제 광야의 방황을 마치고 정복 행진을 시작하게 된다. 이스라엘은 모세의 지도 아래 요단 동편을 점령한 후, 약속의 땅인 요단 서편 즉 가나안 땅을 정복하기 위해 요단강을 건너기 가장 좋은 지점인 여리고 맞은 편 모압 평지(사진 자료)에 기착(寄着)하게 된다. 이곳에서 이스라엘 민족은 수개월을 머물며 2차 인구조사, 모세의 죽음, 새 지도자 여호수아의 임명 등 굵직한 일련의 일들을 경험하게 된다. 그리고 22장에서 24장까지에서는 하나님의 도우심으로 약속의 땅으로 들어가는 이스라엘 백성의 기세 앞에 떨어야 했던 이방민족들이 종교의 힘을 빌려서라도 이스라엘을 저지해보고자 하는 노력들이 벌어진다. 그 예로 모압 왕 발락이 당시 메소포타미아의 유명한 복술가인 발람을 초청하여 소위 거짓 예언을 통해 이스라엘 민족을 막아보고자 하였다.

2 거짓 선지자 발람

발람은 메소포타미아의 유명한 복술가이다. 이 사건의 기록만 보면 발람이 하나님을 잘 알고 있으며 하나님께 순종하는 것처럼 보인다. 그러나 발람은 복술가로서 당시 이런 부류의 사람들이 가졌던 이중 인격적 속성을 바탕으로 위선적인 행동을 일삼는 이였다. 또한 여호와 하나님을 주술적 신앙 대상의 하나로 간주하고 있으며 하나님과 거래를 통해 결국 자신이 원하는 바를 얻고자 하는 의도를 숨기고 있다. 수차례에 걸쳐 하나님이 발람에게 당신의 뜻을 나타내셨지만 발람은 인본주의적 생각으로 하나님의 백성을 저주해 달라고 하는 발락의 요청을 수락하기를 원했기에, 타락한 선지자의 전형으로 성경에서 계속 언급된다.

3. 인식의 차이

하나님은 이런 발람의 요청을 수락하셨지만 결국 자신이 원하는 말만 할 것을 전제로 보내셨다. 그리고 이스라엘 백성을 저주하는 것이 아니라 광야를 걷는 이스라엘 백성이 복 받은 백성임을 선포케 하신다. 우리는 여기에서 하나님의 관점을 발견할 수 있어야 한다. 광야를 걷는 이스라엘을 향해 복 받은 자들이라고 하시는 하나님의 의도를 발견할 수 있어야 한다는 말이다. 비록 현실적으로 광야를 걷는 이스라엘은 고난 중에 있는 것처럼 보인다. 그러나 그들을 두고 복 받은 자라고 하는 것은 그들이 지금 하나님의 백성으로 만들어져가는 과정에 있기 때문이다.

그러므로 우리는 본문을 통해 사람의 관점과 하나님의 관점의 차이를 읽을 수 있어야 한다. 뿐만 아니라 오늘 내가 속한 현실 가운데에 산적해 있는 여러 고난의 현장들을 사람의 관점이 아닌 하나님의 관점에서 해석할 수 있어야 한다. "고난당한 것이 내게 유익이라. 이로 말미암아 내가 주의 율례들을 배우게 되었나이다(시 119:71)." 오히려 고난 가운데서 유익을 얻는 그리스도인들의 비밀을 발견할 수 있어야 한다. 삶은 고난의 연속이다. 인생은 고난을 피해 갈 수 없다. 그러나 고난이 유익이 될 수 있다. 그 비밀은 무엇이고 성경은 어떻게 해석하고 있는 지 본 과를 통해 찾아볼 수 있을 것이다.

평신도 양육교재
관심갖기   고난을 만났을 때

아래의 글을 읽고 주어진 질문에 대답해 봅시다.

> 1809년 2월 12일 가난한 구두수선공의 아들로 태어남.
> 1816년 가족이 집을 잃고 길거리로 쫓겨남.
> 1818년 어머니 사망.

1831년 사업에 실패함.

1832년 주 의회에 진출하려 했으나 실패함.

1832년 직장을 잃고서 법률학교에 입학하고자 원했으나 좌절당함.

1833년 친구에게 빌린 돈으로 사업을 시작하였으나 연말에 완전히 파산함.
　　　 17년 동안 벌어서 빚을 갚음.

1834년 주 의회에 진출을 시도해 성공함. 그런데 약혼자가 갑자기 사망함.

1836년 극도의 신경쇠약증에 걸려 6개월간 병원에 입원함.

I838년 주 의회 대변인 선거에 출마했으나 실패함.

1840년 정부통령 선거위원에 출마했으나 실패함.

1843년 미국 하원의원 선거에 출마했으나 실패함.

1846년 하원의원 선거에 출마하여 성공함.

1848년 하원의원 재선거에 출마했으나 실패함.

1849년 고향으로 돌아가 국유지 관리인이 되고자 했으나 거절당함.

1854년 미국 상원 의원 선거에 출마했으나 패배함.

1856년 소속 정당의 대의원 총회에서 부통령 후
　　　 보에 출마했으나 100표 차로 패배함.

1858년 다시 상원의원에 출마했으나 또 패배함.

1860년 미국 16대 대통령에 선출됨.

1865년 4월 15일 총격으로 사망.

다음(www.daum.net) 위키백과사전 참조

(사진 자료)

1. 위의 사건들은 미국의 16대 대통령이었던 아브라함 링컨이 겪은 사건들입니다. 링컨이 고난과 실패에도 불구하고 가장 존경받는 대통령이 될 수 있었던 이유는 무엇이었을까요?

　고난 속에서 하나님의 뜻과 지혜를 구하는 믿음

아브라함 링컨은 1809년 2월12일 켄터키주의 외딴 오두막에서 태어났다. 아버지 토머스 링컨은 가난한 농부였고 어머니 낸시 행크스 링컨은 미혼모의 딸이었다. 그들은 둘 다 문맹이었다. 가난이라는 고난과 미혼모의 딸의 아들이라는 사람들의 질타 속에서 자랐음에도 불구하고, 링컨은 부모님께 가장 큰 유산, 바로 성경책을 받았다. 링컨의 어머니는 링컨이 9세 되던 해에 "부자나 높은 사람이 되려고 하기보다 성경을 읽는 사람이 되라."는 유언을 남기고 세상을 떠났다. 링컨은 어머니가 남겨준 유산인 성경책을 읽고 또 읽으며 자랐고, 그 후 대통령 재임 시절에도 이른 새벽에 가장 먼저 집무실에서 성경책을 읽고 묵상했다. 그는 노예제도가 비성경적인 제도임을 확신하고 이를 폐지하기 위해 노력했던 대통령, 미합중국이 "하나님의 보호 아래, 국민의, 국민에 의한, 국민을 위한 나라"가 되기 위해 혼신을 기울인 대통령, 전쟁 중에 금식을 선포하며 국가의 죄를 회개하자고 선포하는 대통령이었다. 그가 역대 대통령 중 가장 존경받는 위대한 대통령이 될 수 있었던 비결은 온갖 고난을 통해 하나님께 단련된 그의 신앙과 성품이었다.

2. 혹시 고난 중에 있으십니까? 만약 고난 중에 있다면 그 고난이 당신의 삶에 어떤 영향을 미치고 있습니까?

기독교인들에게도 갑자기 닥쳐오는 불행이 있다. 기독교인들도 너무나 큰 고난의 현장, 진퇴양난의 현장에 머물 때가 있다. 고난 중에 있는 학습자들의 삶에 대해 인도자가 쉽고 빠르게 결론을 내리거나 해석하는 것을 조심해야 한다. 대신 기억하기의 본문을 통해 하나님께서 고난당한 자들에게 주시는 말씀을 만나게 해 주도록 하자. 그리고 나의 고난을 하나님의 시각으로 해석할 수 있도록 나의 이야기에 초청하자.

기억하기

고난에 대한 시각

배울말씀인 민수기 22장 7-12절과 예레미야 29장 10-11절을 읽고 주어진 질문에 답해 봅시다.

1. 광야와 전쟁의 위험 속에 있는 이스라엘을 두고 하나님은 복 받은 자들이라고 했습니다. 그런데 과연 이들을 복 받은 자들이라고 할 수 있습니까? (민 22:7-12)

   복 받은 자들이라고 하기에는 광야(사진 자료)의 고통이 너무 큰 상태인 것 같다.

   이스라엘 민족은 지금 축복 속에 있는가? 현실적으로 볼 때 이스라엘은 지금 고난 중에 있는 것으로 보인다. 그런데 하나님은 광야를 걷고 있는 그들, 떠도는 민족이면서 전쟁을 통해 민족을 지켜내야만 하는 위험 속에 있는 이스라엘을 복 받은 자들이라고 말하고 있다. 외형적으로, 세상의 눈으로 보면 그들이 고난에 처해 있는 것 같지만 하나님은 그들을 복 받은 자들이라고 말씀하고 있다.

2. 포로기 중에 있는 이스라엘은 평안과 소망이 있다고 볼 수 있는 상황이 아닌데, 왜 하나님은 고난 중에 있는 이들에게 평안과 소망을 말씀하셨을까요? (렘 29:10-11)

   고난 이후 새롭게 하실 하나님의 계획이 숨겨져 있으므로

   이스라엘 민족은 현재 바벨론의 포로가 되어 있으며 예루살렘을 제외한 거의 모든 성이 무너진 상태이다. 그런 그들에게 하나님께서 그들에게 70년 포로생활을 마친 후 귀환하게 되리라는 희망의 메시지를 선포해 주셨다. 그리고 그들에게 향한 마음이 평안과 소망이라고 말씀하신다. 그들이 과연 평안과 소망 중에 있다고

할 수 있는가? 외형적으로는 분명히 고난 가운데 있다. 그러나 그 고난의 마지막에 하나님께서 연단하시고 단련하신 후 새롭게 만드시는 이스라엘에 대한 꿈이 있다. 결국 연단을 통해 새로움을 허락하시고자 하는 하나님의 계획이 숨겨져 있다. 우리는 지금 당장 눈에 보이는 현실만 바라보기 쉽다. 지금의 현실만을 바라보는 사람은 크신 하나님의 뜻을 이해하지 못한다. 지금이 아니라 내일이 중요하다. 기독교인에게 있어서 현실에서의 삶이 아니라 하나님 나라에서의 삶이 중요한 것처럼 말이다.

3. 이스라엘 민족의 고난을 보는 사람들의 관점과 하나님의 관점을 비교해 보면서 빈칸을 채워봅시다.

상황	대상	바라보는 시각	예측된 결과
광야와 전쟁의 위험	사람들	고난	죽음, 실패, 좌절
	하나님	연단	축복, 강대한 민족을 이루게 함

(차트 자료)

이스라엘 민족에게 주어진 현실을 바라보는 관점은 두 가지가 있다. 일반적인 관점은 사람들의 관점으로 현실 그대로를 보는 것이고, 하나님의 관점은 현실 너머의 의미와 내일을 보는 관점이다. 일반적인 관점으로 보자면 광야를 걷고 전쟁을 해야 하는 현실은 고난일 뿐이다. 그러나 하나님의 관점에서 보면 이스라엘 민족을 자기 백성으로 만들고자 하는 의도가 숨겨져 있는 고난이기에 결코 고난의 과정이 아니라 축복의 과정이 된다.

1. 사람들은 고난을 절망으로 바라보는 경우가 많은데, 만일 그 고난의 과정을 축복으로 해석할 수 있다면 고난의 목적은 무엇이 될 수 있을까요? (삿 2:22)

이는 이스라엘이 그들의 조상들이 지킨 것 같이 나 여호와의 도를 지켜 행하나 아니하나 그들을 시험하려 함이라 하시니라(삿 2:22) / 고난을 통해 신앙을 회복하고 자기 백성이 되도록 하기 위한 하나님의 계획하심

성경의 말씀을 바탕으로 각자의 경험을 함께 나누면 좋은 시간이 될 것이다. 과거 자신의 고난을 그저 고난으로만 바라보았던 경험, 혹은 그 고난으로 자포자기했던 경험들을 나누면서 관점의 변화를 가져올 수 있다면 좋을 것이다. 단순히 고난을 이해하는 차원을 넘어 하나님을 위한 삶으로 전환하는 관점의 변화가 일어나기를 바란다.

2. 기독교인에게 있어 고난은 단순히 고난이 아니라 축복입니다(시 119:71). 그렇다면 고난을 극복하기 위해 기독교인이 해야 할 일은 무엇입니까? (렘 33:3)

너는 내게 부르짖으라 내가 네게 응답하겠고 네가 알지 못하는 크고 은밀한 일을 네게 보이리라 (렘 33:3) / 포기하지 않고 하나님께 기도하며 부르짖고 그분의 도우심을 구하는 일

기독교인이 가져야 할 삶의 자세는 고난에 굴복하지 않고 오히려 고난을 극복하여 승리하는 삶을 살아가는 것임을 명확히 이야기할 수 있어야 한다. "사람이 마음으로 믿어 의에 이르고 입으로 시인하여 구원에 이르느니라(롬 10:10)."는 말씀과 같이 스스로 시인하여 하나님과 약속할 수 있도록 한다.

삶은 여전히 아름답다

다음의 이야기를 읽고 주어진 질문에 답해 봅시다.

> 닉 부이치치(Nicholas James Vujicic, Nick Vujicic)는 팔과 다리가 없이 태어나 힘든 어린 시절을 보냈지만 꿈과 희망을 버리지 않았고, 지금은 전 세계를 다니며 사람들에게 꿈과 희망을 전하고 있다. 그를 소개하고 있는 한국재단(www.lifewithoutlimbs.or.kr)은 그의 삶의 목표를 다음과 같이 소개한다.
>
> Go Around: 닉은 희망을 갈망하는 모든 나라와 사람들을 찾아다니며
> Preaching: 그의 아주 조금은 특별한 삶의 이야기를 전하고
> Teaching: 진정한 사랑과 꿈을 가르치며
> Heal the Heart: 삶의 희망을 잃은 이들의 마음에 희망을 심습니다.
>
>
>
> "하나님이 나같은 인간, 팔다리가 없는 사람을 주님의 '손발'로 사용하셨는데, 쓰임 받지 못할 이가 세상에 어디 있겠는가! 능력이 문제가 아니다. 하나님이 보시는 건 자원하는 마음뿐이다."
> 닉 부이치치는 자살 충동에 이끌린 적도 있었지만, 세월이 흐르면서 '하나님께서 자신을 벌 주기 위해 팔다리 없이 세상에 보내신 게 아님'을 깨달았다고 한다. 그는 지금 '터무니없을 만큼 행복한 삶을 즐기고 있다'고 말한다. 지난해부터 그는 외모만큼이나 마음도 아리따운 기독교인 아내와 함께 삶을 나누는 영광과 기쁨을 만끽하는 중이다. 그가 펴낸 묵상집 『닉 부이치치의 삶은 여전히 아름답다』는 '인간의 어떤 문제보다 하나님이 더 크다', '도움을 청한다고 허약하다는 뜻은 아니다', '과거는 어쩔 수 없다. 그러나 미래는 바꿀 수 있다', '모든 고난은 반드시 끝이 있다' 등 희망적인 메시지들로 가득하다. 원제목

은 한계가 없다는 뜻의 'Limitless'. "나나 독자들이 (그렇다는 게) 아니라, 하나님의 사랑과 권능이 무한하다는 뜻이다."

크리스천 신문 2013년 11월 26일자. 이대웅 기자의 기사 참조.

1. 과거, 고난에 처했을 때 쉽게 포기해 버린 일에 대해서 이야기해 봅시다. 이제 당신은 고난 앞에서 포기하겠습니까, 아니면 고난을 기회로 보시겠습니까?

각자의 경우를 이야기해 보자. 그리고 고난을 당했을 때 포기하지 않겠다고 서로에게 결단하도록 하자.

'고난이 정말 유익인가? 고난이 정말 축복의 통로인가?' 보통 사람들은 이겨낼 수 없는 극한 고난의 상황에 마주치면 자포자기하고 만다. 자포자기하는 사람은 결코 하나님의 복을 받을 자격이 없다. 그 어떤 고난이 닥쳐와도 절대로 포기해서는 안 된다. 왜냐하면 하나님께 부르짖으며 하나님께 맡기고 나아가면 고난이 오히려 우리를 하나님께로 인도하는 축복의 통로가 되기 때문이다. 자신의 경험을 나누며 자신이 어떤 가치관을 가지고 있었는지 이야기해 보자.

2. 다같이 '주님 손잡고 일어서세요'를 찬양하며 서로를 격려하고 축복합시다. 그리고 고난을 고난으로 바라보지 않고 축복의 기회로 바라보며 결코 포기하지 않는 신앙인이 되게 해달라고 서로를 위해 중보기도 하는 시간을 가져봅시다.

찬양을 드리면서 결단의 시간으로 삼도록 하자. 또한 지금까지 서로 나눈 개인적인 고백들과 다짐들이 잘 지켜질 수 있도록 서로 중보의 기도를 하며 과를 마치도록 한다.

주님 손잡고 일어서세요

김석균
made by musicday

1.왜 나만겪는 고난이냐고 불평 하지마세요 고난의
2.왜 이런슬픔 찾아왔는지 원망 하지마세요 당신은

뒤 편에 있는 주님이주실축복 미리 보 면서감사하세
잃 은것 보다 주님께받은은혜 더욱 많 음에감사하세

요 너무 견 디기 힘든 지금이순간에도 주님 이 일하고계시

잖 아요 남들은 지쳐 앉아 있을지라도 당신 만은 일어서세

요 힘을 내 세요 힘을 내 세요 주님이 손 잡고계시잖아

요 주님 이 나와함께함을 믿 는다면 어떤 1.역경도 이길수있잖아
2.고난도 견딜수있잖아

요 요 힘을 내 세요 힘을 내 세요 주님이

손 잡고계시잖아 요 주님 이 나와함께함을 믿 는다면 어떤

고 난도 견딜수있잖아 요

(악보 자료)

새길말씀 외우기

너는 내게 부르짖으라 내가 네게 응답하겠고 네가 알지 못하는 크고 은밀한 일을 네게 보이리라 (렘 33:3)

결단의 기도

우리를 사랑하시는 하나님 아버지, 비록 우리가 보기에는 고난의 순간처럼 보일지라도 하나님의 뜻 안에 있기에 우리를 성장시키는 연단의 과정임을 깨닫게 하시니 감사드립니다. 고난 속에서 쉽게 포기하지 않고 주님께서 주시는 새로운 기회를 발견하는 제가 될 수 있도록 인도하여 주옵소서. 예수님 이름으로 기도합니다. 아멘.

평신도 양육교재
평가하기

평가항목	세부사항	그렇다	그저 그렇다	아니다
인도자의 준비도	인도자는 본 과의 교육목적을 이룰 수 있도록 충분하게 준비했습니까?			
교육목표의 성취도	1. 학습자들이 고난의 개념에 대한 가치관을 재정립하였습니까? 2. 학습자들이 고난에 쉽게 좌절하거나 포기하지 않고 주님의 뜻을 깨닫고 주님이 주시는 기회로 삼을 것을 결단하였습니까?			
학습자의 참여도	학습자들이 진지하고 적극적인 태도로 성경공부에 임했습니까?			
성경공부의 분위기	성경공부를 하는 동안 학습자가 편안한 분위기를 느낄 수 있었습니까?			
기타 보완할 점	기타 보완할 점이나 건의사항이 있습니까?			

나의 우상은?

교육주제 삶의 우선권

배울말씀 출애굽기 34장 14절, 신명기 6장 14–15절

도울말씀 롬 1:21–23, 삼상 2:18–19

새길말씀 스스로 지혜 있다 하나 어리석게 되어 썩어지지 아니하는 하나님의 영광을
썩어질 사람과 새와 짐승과 기어다니는 동물 모양의 우상으로 바꾸었느니라
(롬 1:22–23)

이룰 목표

① 나의 우상은 무엇인지 발견한다.

② 하나님은 우상숭배를 가장 싫어하신다는 것을 깨닫는다.

③ 하나님 중심의 가치관으로 세상을 살아갈 것을 결단하고 실천한다.

교육흐름표

20 min	40 min	40 min	20 min
관심	기억	반성	응답

교육진행표

구분	관심갖기	기억하기	반성하기	응답하기
제목	이 시대의 우상	하나님의 기대	홉니와 비느하스	우상 버리기
내용	현대인의 물질 중심적인 삶에 대해 살펴보고, 자신의 삶을 돌아본다.	이방민족에게는 윤리적 삶을, 하나님의 백성에게는 하나님 중심적 삶을 바라시는 하나님의 기대를 이해한다.	홉니와 비느하스, 사무엘이 하나님이 원하시는 삶을 살지못한 원인을 찾아본다.	내 안에 숨겨진 우상을 찾아 고백하고, 하나님 중심적인 삶을 살기로 결단한다.
방법	예화 읽고 이야기하기	성경 찾아 답하기	성경 찾아 답하기	예화 읽고 결단하기
준비물	십계명 두 돌판 사진	성경책	성경책 엘리 제사장 그림 실로 사진	
시간	20분	40분	40분	20분

1. 본문의 배경 Ⅰ

출애굽기 24장에서는 이스라엘 백성들이 우상숭배하는 모습을 보고 분노한 모세가 하나님이 언약 체결에 대한 증거로 주셨던 첫 번째 십계명의 두 돌판(사진 자료)(출 31:18)을 파괴했다(출 32:19). 그리고 33장에서는 하나님과의 언약 관계가 회복되어 십계명의 두 돌판을 다시 수여받는다. 34장 1–9절에는 모세가 다시 시내산에 오르는 사건이 담겨있고 하나님께서 입법자요 언약의 주체로서 당신을 여호와라고 먼저 선언하신다. 그리고 34장 10–26절에는 십계명과 여러 가지 기본 율법이 제시되어 있다.

2. 질투하시는 하나님 (출 34:14)

본문 14절은 십계명 중 제2계명의 반복을 반복한 것으로, 단순히 우상 앞에 절하지 않는 것만을 의미하는 것이 아니라 어떤 신도 용납하지 않으시겠다는 금지의 명령이다. 자신을 '질투의 하나님'이라고 표현하신 것도 당신의 백성들이 다른 신을 섬기는 것을 결코 용납하지 않으시겠다는 강한 의지의 표현이다. 이것은 신명기 4장 24절, 5장 9절, 6장 15절에도 언급되어 있으며 성경의 전체 맥락에서도 찾을 수 있다. 이렇게 질투하는 하나님으로 자신의 성품을 나타내심은 자기 백성에 대한 뜨거운 사랑을 표현하시는 또 하나의 증거이다.

모세가 시내산에서 오래 머물자 이스라엘 백성들은 그가 다시 돌아올지를 의심했다. 그래서 앞으로 자신들을 이끌고 갈 새로운 신을 만들고자 했다. 그들은 자신들이 필요해서 형상을 만들었고 이것이 곧 우상의 실체이다. 결국 우상은 단지 어떤 형상뿐만 아니라 하나님 중심적인 삶을 떠난 모든 것을 의미한다는 것을 깨달아야 한다.

3. 본문의 배경 Ⅱ

본문은 모세의 2차 설교 중 한 부분으로 4장에서 11장에 걸쳐 율법의 원리,

목적, 준수 이유와 그 자세, 순종의 결과 등을 개괄적으로 제시하고 있다. 5장에서 십계명을 선포한 후 6장에서 율법의 목적과 교육 방법, 그리고 율법의 순종에 따른 축복 등을 제시하고 있다. 1-3절은 26장까지 선포된 율법의 목적이 하나님을 경외토록 하는 데 있음을 알려준다. 4-9절은 쉐마의 본문으로 말씀에 순종할 것을 교훈하고 있다. 10-15절은 하나님의 언약적 사랑을 배신하여 하나님을 진노케 하거나 질투케 하는 일이 없도록 경계하고 있다. 16-19절은 르비딤의 물 사건을 기록하면서 율법을 준수하되 하나님을 시험하거나 의심하는 태도로 해서는 안 된다고 가르치고 있다. 마지막 20-25절은 율법은 단순히 율법을 들은 자신들에게만 국한되는 것이 아님을, 그래서 후대 자손들에게도 율법 준수와 순종을 가르칠 것을 명령하고 있다.

결국 6장 전체를 통해 하나님은 오직 한 가지 주제 즉, 하나님을 경외하고 사랑하는 것이 율법의 핵심이자 하나님이 원하시는 것이라고 일관되게 계시하고 있다고 할 수 있다. 특별히 14-15절의 말씀은 하나님께서 자신에 대해 가장 직접적으로 표현하신 말씀으로, 오직 하나님은 하나님 자신뿐임을 강력하게 선포하고 있다.

4. 우상의 본질 (신 6:14-15)

이스라엘 백성은 출애굽을 시작하면서부터 하나님께 불평과 불만을 계속 표현하였다. 10가지 재앙을 통해 직접 하나님의 능력을 체험했으면서도 물이 없다고, 고기가 없다고 불평하였다. 또 홍해가 갈라지고 애굽의 모든 군대가 수장 당하는 놀라운 사건을 보았음에도 불구하고 하나님을 전적으로 신뢰하지 않고 의심하고 불평하는 죄악을 범하였다. 그러나 하나님은 이런 이스라엘을 오히려 사랑으로 안으셨다. 물이 없을 때 물을 주시고 고기가 없다고 푸념할 때 만나와 메추라기를 주셨다. 그들의 범죄를 용서하시고 사랑으로 감싸 주신 것이다.

그러나 우상을 숭배하는 것에 대해서는 강력히 경고하시며 지면에서 멸절하시겠다고 말씀하고 있다. 왜냐하면 우상을 숭배한다는 것은 하나님의 존재를 인정하지 않는 것이기 때문이다. 하나님의 존재를 인정한다면 결코 다른 신을 섬길 수 없다. 우리가 죄악을 범했을 때 하나님께서 우리를 용서하시고 사랑으로 안으시는 것은 비록 죄인된 우리라 할지라도 하나님 존재를 인정하는 믿음 아래 있기에 우리를 용서하시는 것이지만, 우상을 숭배하는 것은 하나님 존재 자체를 인정하지 않는 것이므로 결코 용서하지 않으시겠다는 것이다. 그러므로 우리는 우상을 철저하게 구별하여야 한다. 또한 외형적으로 표현된 우상뿐 아니라 하나님 중심적인 삶에서 떠나게 하며 하나님 존재를 인정하지 못하게 하는 모든 사고와 사상 그리고 행위를 포함하는 것들도 우상이라는 것을 깨달아야 한다.

이 시대의 우상

아래의 글을 읽고 주어진 질문에 답해 봅시다.

> 몇 해 전, 국내의 유명 기관에서 전국 주요 도시 남녀 4,000명을 대상으로 '패러다임 전환기의 한국인—라이프 스타일과 소비 행동'을 주제로 조사 분석한 결과를 발표했다.
>
> 이 조사에 따르면 남성의 50.7%와 여성의 47.8%가 돈 많은 사람을 성공한 사람으로 여기고 직업 선택 시 가장 중요한 것으로 개인의 발전성(20.9%)이나 보람(10.6%)보다 소득(32.4%)을 더 중요하게 꼽는 등 금전 만능주의적 경향이 넓게 퍼져 있는 것을 알 수 있었다.
>
> 현대인들이 살아가는 이 시대는 돈만 있으면 무엇이든 할 수 있다. 돈만 있으면 권력까지도 잡을 수 있는 시대가 되었다. 그래서 사람들은 돈을 벌 수 있는 일이라면 무엇이든지 하려고 한다. 특히 사람의 성공 기준을 돈의 많고 적음에 따라 평가하는 세상이 되고 있다. 돈이 곧 성공인 시대가 되고 있다.

1. 위의 글에서 알 수 있듯 현대인들의 중심에 위치하고 있는 사고는 어떤 것인가
   요?

   황금 만능주의, 곧 하나님 중심이 아닌 물질을 최고의 가치로 여기는 사고

   위의 이야기와 비슷한 상황들에 대해서도 각자의 생각을 이야기 나눌 수 있도록
   하자. 그런 가운데 이 이야기가 남의 이야기가 아니라 자신의 이야기임을 인식할
   수 있도록 유도해야 한다. 타인의 문제가 아니라 자신의 문제임을 인식하게 하여
   좀 더 구체적으로 자신에 대한 물음을 가능케 한다면 더 좋은 학습효과를 거둘 수
   있을 것이다. 다음 질문에서는 직접적으로 나의 생각을 물어본다.

2. 나는 '인생에서 성공한 사람'을 어떤 사람이라고 생각하나요?

   각자의 이야기를 들어본다.

   학습자들이 인생 목적에 대해서 어떻게 생각하는지를 알아볼 수 있다. 지난 주 학
   습을 통해 변화된 관점을 갖게 되었다고 고백하는 학습자도 있을 것이다. 그러나
   본 양육교재를 접하기 이전 혹은 그리스도를 고백하기 이전의 삶을 생각하면서 답
   해 보는 것이 더 의미 있다.

하나님의 기대

배울말씀인 출애굽기 34장 14절, 신명기 6장 14-15절과 주어진 성경말씀을 찾아 읽고 질문에 답해 봅시다.

1. 하나님께서 이방민족의 죄에 대해서 질타하십니다. 지적하신 죄는 무엇입니까? (암 1:3-9)

> "여호와께서 이와 같이 말씀하시되 다메섹의 서너 가지 죄로 말미암아 내가 그 벌을 돌이키지 아니하리니 이는 그들이 철 타작기로 타작하듯 길르앗을 압박하였음이라" (암 1:3)
>
> "여호와께서 이와 같이 말씀하시되 가사의 서너 가지 죄로 말미암아 내가 그 벌을 돌이키지 아니하리니 이는 그들이 모든 사로잡은 자를 끌어 에돔에 넘겼음이라" (암 1:6)
>
> "여호와께서 이와 같이 말씀하시되 두로의 서너 가지 죄로 말미암아 내가 그 벌을 돌이키지 아니하리니 이는 그들이 그 형제의 계약을 기억하지 아니하고 모든 사로잡은 자를 에돔에 넘겼음이라" (암 1:9)

철타작기로 길르앗을 압박함, 형제의 계약을 지키지 않음, 사로잡은 자들을 에돔에 팔아버림

아모스 1,2장에서 하나님은 이방 민족의 죄에 대해서 서너 가지를 지적하신다. 그 내용을 살펴보면 모두 전쟁이나 정치적 관계에서 벌어진 인간사에 관련한 일이다. 여기에서 하나님께서 이방 민족을 바라보시는 관점을 발견할 수 있어야 한다. 하나님께서는 이방민족들에 대해 이스라엘 민족에게 원하시는 성민으로서의 삶을 요구하시고 계시지는 않다는 것이다. 다시 말해 기대 수준이 다르다. 그러므로 우리 기독교인에 대한 하나님의 기대 수준도 다르다는 것을 인식해야 한다. 나를 향한 하나님의 기대도 다르다. 이 기대를 전제로 두고 본 과를 진행하도록 해야 한다.

2. 하나님께서 유다와 이스라엘에 대해서도 몇 가지 죄를 물으셨습니다. 이들의 죄악은 무엇입니까? 성경을 찾아 확인해 봅시다. (암 2:4-8)

> "여호와께서 이와 같이 말씀하시되 유다의 서너 가지 죄로 말미암아 내가 그 벌을 돌이키지 아니하리니 이는 그들이 여호와의 율법을 멸시하며 그 율례를 지키지 아니하고 그의 조상들이 따라가던 거짓 것에 미혹되었음이라" (암 2:4)
> "여호와께서 이와 같이 말씀하시되 이스라엘의 서너 가지 죄로 말미암아 내가 그 벌을 돌이키지 아니하리니 이는 그들이 은을 받고 의인을 팔며 신 한 켤레를 받고 가난한 자를 팔며 힘 없는 자의 머리를 티끌 먼지 속에 발로 밟고 연약한 자의 길을 굽게 하며 아버지와 아들이 한 젊은 여인에게 다녀서 내 거룩한 이름을 더럽히며 모든 제단 옆에서 전당 잡은 옷 위에 누우며 그들의 신전에서 벌금으로 얻은 포도주를 마심이니라" (암 2:6-8)

율법을 멸시함. 율례를 지키지 않음. 우상에 미혹됨. 의인을 팔고, 궁핍한 자를 팔고, 가난한 자의 것을 탐내고, 겸손한 자의 길을 굽게 하고, 음행을 행함. 음주 등

이방 민족과 달리 유다와 이스라엘에게는 율법과 그 내용에 관한 죄악을 물으셨다. 이는 이방 민족에게 물으셨던 죄의 본질과는 분명히 다르다. 현상적인 관점에서 볼 것이 아니라 내용적 관점에서 서로 비교할 수 있어야 한다.

3. 그렇다면 이방민족과 이스라엘의 죄악을 비교할 때, 본질적인 차이점은 무엇입니까?

육신의 일과 영혼의 일로 구분할 수 있다. 신앙적인 것과 신앙이 아닌 것으로 구분할 수 있다.

하나님은 유다와 이스라엘을 향해서는 본질적으로 하나님과의 관계에 대해서 관심을 갖고 계시다. 또한 하나님과의 이 관계가 올바르지 못한 것을 죄악으로 여기신다.

하나님께서는 이스라엘의 죄악을 서너 가지 지적하셨다. 하지만 이스라엘을 향해서 물으신 죄악은 이방 민족의 죄악과 다르다. 남 유다에는 율법 즉, 하나님의 말씀을 지키지 않은 것이며 북 이스라엘에는 율법의 세부적인 내용들이다. 다시 말해 하나님은 이스라엘에 하나님 존재에 대한 본질적인 물음을 요구하고 계신다. 왜냐하면 하나님을 인정하는 사람들은 하나님의 말씀을 지키고 따르기 때문이다. 말씀을 지키고 따른다는 것이 곧 하나님을 인정하고 하나님의 백성임을 인정하는 것이기 때문이다. 하나님의 말씀을 따르지 않는 사람은 하나님의 존재를 인정하지 않는 사람이다. 하나님은 이스라엘에 하나님 존재 자체를 인정하는 것을 요구하고 계신다.

4. 위의 이방민족과 이스라엘을 비교했을 때, 하나님께서 자기 백성에게 가장 첫 번째로 요구하시는 것이 무엇이라고 할 수 있습니까?

하나님을 섬기는 일을 온전히 하고 마음 안에 있는 하나님 중심적이지 못한 일들을 쫓아내는 일

출애굽기 34장에서 하나님은 자신이 질투의 하나님이심을 명백히 하신다. 출애굽 이후 홍해를 건너 시내산에 이르기까지 이스라엘 백성은 하나님을 계속 원망했다. 그러나 하나님은 이들을 계속 용서하시며 변함없이 그들에게 필요한 것들을 공급하셨다. 그러나 이스라엘은 눈에 보이는 하나님을 원했고 그래서 금으로 송아지를 만들었다. 이 송아지 우상은 무엇을 의미하는가? 하나님은 이런 분, 이런 일을 해주시는 분이라고 자기의 생각과 뜻대로 만든 것이 아닌가? 이스라엘 백성의 생각과 필요를 절대로 뛰어넘을 수 없는 결정체가 바로 이 송아지 우상이다. 그러므로 자기의 생각과 사상으로 외형적 형태를 지닌 송아지 우상을 만들었다는

것은 이미 저들 안에 하나님이 없다는 것이며 저들이 하나님 존재를 인정하고 있지 않다는 증거가 될 수 있다. 하나님은 무엇을 원하시는가? 하나님은 자기의 생각과 필요에 따라 믿고 의지하는 자기중심적인 신앙인이 아니라, 하나님을 인정하고 하나님의 부르심에 따라 헌신하며 나아가는 자기 백성을 원하신다.

반성하기

홉니와 비느하스

1. 하나님의 존재를 인정하고 믿고 따를 것을 명령하셨던 주님이 결국 이스라엘 민족에게 원하신 것은 무엇인가요? (겔 14:6-9)

   하나님이 아닌 다른 것을 추구하는 것으로부터 떠나는 것, 곧 우상을 제하여 버리는 것을 원하셨다.

   세상 사람들과 기독교인이 달라야 하는 점은 무엇인가? 하나님께서 아모스를 통해 이방과 자기 백성의 죄악이 무엇인지 알려주셨고 우리가 이것을 깨닫기를 원하신다. 기본적으로 하나님은 세상 사람들에게 보편적 인간으로서의 도덕과 윤리를 요구하신다. 그러나 기독교인에게는 이런 도덕과 윤리를 뛰어넘어 하나님의 존재를 인정하고 이에 따라 헌신하실 것을 요구하신다.

2. 사무엘은 홉니와 비느하스에 비하여 더 열악한 환경에 처해 있었습니다. 어려서 부모를 떠나야 했고 불량자인 홉니와 비느하스와 함께 자라야 했습니다. 그런데 홉니와 비느하스는 하나님의 심판을 받고 사무엘은 쓰임을 받았습니다. 홉니와 비느하스가 심판을 받은 이유는 무엇일까요? (삼상 2:22-26)

   하나님 중심적인 신앙을 버리고 마음에 악한 일을 심음

홉니와 비느하스는 부모님의 보살핌 속에서 좋은 환경과 좋은 가르침을 받았다. 그러나 사무엘은 어려서부터 부모님을 떠나 혼자 살아야 했다. 엘리 제사장을 섬기며 심부름하는 그런 아이로 자란 것이다. 더군다나 불량한 홉니와 비느하스가 얼마나 그를 괴롭게 하였겠는가? 사무엘은 눈칫밥을 먹어야 했고 형들에게 항상 밀려 뒷전에 있어야 했을 것이다. 좋은 환경에 있던 홉니와 비느하스는 하나님을 바르게 섬기기보다는 오히려 제사를 경홀히 여기고 함부로 하는 등 죄악을 범하게 되었다. 좋은 환경이 좋은 신앙을 만들어 주지 못했던 것이다. 반면 사무엘은 어려운 상황에서 오히려 하나님을 의지하며 기도하고 시련을 극복해 내는 신앙을 갖게 되었다. 홉니와 비스하스에게는 사무엘과 같은 마음이 아니라 자기 중심적이고 물질중심적인 마음이 자리하게 되었다.

3. 홉니와 비느하스는 하나님을 향한 신실한 믿음을 갖지 못했습니다. 그들의 우상은 구체적으로 무엇인가요? 또한 엘리의 우상은 무엇인가요?

제사를 경홀히 여기는 자기중심적인 생활.
엘리에게는 그의 자녀가 곧 우상이 되었다.

홉니와 비느하스는 부모님으로부터 좋은 환경을 공급 받았다. 사무엘상 2장 13절 이하에 보면 그들은 제사를 드릴 때 제사가 끝나지도 않았는데 고기를 가져가기도 하고 그것을 막는 백성들에게 억지로 빼앗기도 하는 등 불법을 행하면서까지 좋은 음식을 공급받았다. 이런 그들에게 하나님 중심적인 삶이 자리하기란 어려웠다. 제사를 경홀히 여긴 그들의 행동을 볼 때 그들의 마음에 이미 자기 중심적인 우상이 자리했다는 것을 알 수 있다. 한편 엘리 제사장(그림 자료)은 백성들이 아들들의 잘못을 알려주면서 금지할 것을 요구했을 때 "내 아들들아 그리하지 말라. 내게 들리는 소문이 좋지 아니하니라. 너희가 여호와의 백성으로 범죄하게 하는도다(삼상 2: 24)."라고 충고만 할 뿐 크게 제지하거나 훈육하지 않았다. 엘리의 마음에는 하나님을 기쁘시게 하는 일보다 아들들이 더 크게 자리한 것이다. 따라서 엘리의 마음에는 이미 아들이라고 하는 우상이 자리하게 되었다고 하겠다.

4. 우리의 내면에 자리 잡은 우상이 외형적으로 표현될 때 어떤 모습으로 나타난 다고 성경이 기록하고 있나요? (롬 1:21-23)

썩어질 사람과 금수와 버러지 형상으로 표현됨

우리의 내면에 자리 잡은 우상의 근본은 우리의 마음에 있다. 바로 하나님을 중심 으로 생각하지 않고 나를 중심으로 생각하는 마음이다. 그런데 성경은 이를 '썩어 질 사람과 금수와 버러지 형상'이라고 표현하고 있다. 이런 것들은 영생을 위한 것 들이 아니라 썩어질 것들, 즉 사망에 이르게 하는 것들이다. 단순히 외형적인 형 상만으로 이해할 것이 아니라 우리를 사망에 이르게 하는 악한 마음과 정신에 관 한 것들임을 인식하게 해야 한다.

평신도 양육교재
응답하기

우상 버리기

1. 내 안에 숨겨진 나 중심적인 우상을 고백해 봅시다.
   내가 하나님보다 더 먼저, 더 중요하게 생각하고 있는 것은 무엇입니까?

낚시, 등산 등 레저 생활(주일 예배에 참석하지 않고 가는 경우도 있다.), 자녀들의 교육, 우리 집 등

하나님께서 당신의 백성들에게 원하는 삶은 결국 하나님을 인정하며 따르는 삶이 다. 하나님을 인정하는 사람은 하나님을 의지하게 되고 그 중심에 하나님이 놓이 게 된다. 그러한 사람은 하나님의 부르심에 합당한 삶을 추구하게 된다. 바로 헌

신하고 충성하는 삶이 그것이다. 그러므로 하나님을 인정하고 하나님이 원하시는 삶을 살아가는 것 사람의 본분이라는 것을 고백할 수 있어야 한다. 구체적인 예를 들자면 주일에 떠나는 낚시나 등산 등은 건강을 위한 것이라지만 결국 신앙적이지 못한 행동일 수 있다. 나 자신은 즐겁지만 그것이 하나님을 기쁘시게 하지 않는 것들에 무엇이 있는지 살펴볼 수 있도록 한다.

2. 내 안에 숨겨진 우상을 버리고 이제 하나님 중심적 삶을 살아가기로 결단하기 위하여 다음의 결심문을 작성해 봅시다. 결심문을 작성한 이후에 우리들의 우상이 버려질 수 있도록 서로를 위해 중보기도를 합시다.

결심문

나 _____은(는) 내 안에 하나님이 아닌 다른 우상 곧, _____을(를) 가지고 지금까지 살았습니다. 그러나 이제는 하나님을 의지하며 하나님을 기쁘시게 하는 삶을 살기 위해 내 마음속에 감추어진 나 중심적 사고를 버리고 하나님 중심적 삶을 살아감으로 하나님께 더욱 충성하고 헌신할 것을 다짐합니다.

20 년 월 일

결심자 :   sign

우상은 거대한 것도 아니고, 눈에 보이는 형상화 된 것이 아닐 수도 있다. 지금까지 우상이라고 생각하지 못한 것들이 하나님과 나의 관계를 가로막는 우상일 수도 있다. 학습자들이 구체적으로 고백하고 구체적으로 결단할 수 있도록 이끌어야 한다.

새길말씀 외우기

스스로 지혜 있다 하나 어리석게 되어 썩어지지 아니하는 하나님의 영광을 썩어질 사람과 새와 짐승과 기어다니는 동물 모양의 우상으로 바꾸었느니라 (롬 1:22-23)

결단의 기도

하나님, 나의 마음 속에 하나님보다 더 중요하게 여기는 우상들이 자리 잡고 있었음을 고백합니다. 내 경력을, 내 지위를, 내 자녀를, 우리 집을 지나치게 소중하게 여겼던 까닭에 하나님을 잊어버린 적이 있었음을 용서하여 주옵소서. 하나님 중심적인 자세로 이 세상을 살아갈 수 있도록 인도하여 주옵소서. 예수님 이름으로 기도합니다. 아멘.

평신도 양육교재
평가하기

평가항목	세부사항	그렇다	그저 그렇다	아니다
인도자의 준비도	인도자는 본 과의 교육목적을 이루기 위해 충분히 준비했습니까?			
교육목표의 성취도	1. 학습자들이 '하나님보다 더 중요하게 여기는 것들이 모두 우상'이라는 우상에 대한 개념을 재정립하였습니까? 2. 학습자들이 하나님 중심인 가치관으로 전환하기를 결단했습니까?			
학습자의 참여도	학습자들이 진지하고 적극적인 태도로 성경공부에 임했습니까?			
성경공부의 분위기	성경공부를 진행하는 동안 분위기가 자연스럽고 편안했습니까?			
기타 보완할 점	기타 보완할 점이나 건의사항이 있습니까?			

MEMO

생명을 살리는 삶

교육주제 생명에 대한 소중함

배울말씀 마가복음 3장 1-6절

도울말씀 행 17:25-28, 요일 5:12

새길말씀 도둑이 오는 것은 도둑질하고 죽이고 멸망시키려는 것뿐이요 내가 온 것은
양으로 생명을 얻게 하고 더 풍성히 얻게 하려는 것이라 (요 10:10)

이룰 목표

① 하나님께서 천하보다 더 귀히 여기시는 생명의 존엄함을 알 수 있다.

② 생명을 살리는 일과 복음전파의 관계성을 이야기할 수 있다.

③ 생명을 살리는 일을 구체적으로 실천할 수 있다.

교육흐름표

20 min	20 min	40 min	40 min
관심	기억	반성	응답

교육진행표

구분	관심갖기	기억하기	반성하기	응답하기
제목	생명을 살리는 일이란	가장 소중한 것	당신도 생명을 살릴 수 있습니다.	엘리자베스 엘리엇 여사의 사랑
내용	예화를 읽고 생명을 살리는 것이 교회의 본연의 임무임을 확인한다.	예수님은 안식일의 주인임에도 불구하고, 생명을 살리는 것이 안식일보다 중요하다고 가르치셨다.	세계화 한국의 복음화 현황에 관한 자료를 살펴보고, 세계화 지역사회에 복음을 전하기 위해 교회가 할 수 있는 일을 논의한다.	선교 중 남편을 잃은 엘리자베스 엘리엇 여사의 예화를 읽고, 생명을 구하기 위해 내가 할 수 있는 일을 찾아 실천한다.
방법	예화 읽고 이야기하기	성경 찾아 답하기	자료 읽고 논의하기	예화 읽고 결단하기
준비물	안식일 회당으로 가는 유대인들 사진		미전도종족차트	엘리엇 사진 사랑실천차트
시간	20분	20분	40분	40분

1. 본문의 배경

마가복음 3장은 2장에서 8장까지 이어지는 예수 그리스도의 공생애 사역 중 말씀의 전파가 본격적으로 이루어지는 반면, 예수님에 대한 배척도 고조에 달했음을 알려주고 있다. 그러나 주님은 이러한 배척을 오히려 구속사를 성취하시는 기회로 삼으신다. 또 주님께서 죽음을 이기고 부활 승리하셨듯이 당시 박해에 처해있던 성도들에게 비록 박해를 받고는 있지만 그것은 잠시이며 오히려 구원을 얻는 지름길이기에 승리가 약속되어 있음을 전파하고 있다. 그러므로 본 장의 의도는 고난은 잠시이며 고난에 숨겨진 의미를 아는 성도가 결국 승리할 수밖에 없다는 주님의 의지적 표현이다.

2. 안식일의 본질 (막 3:4)

1-6절의 말씀은 안식일에 대한 직접적인 논쟁이다. 안식일(사진 자료)을 지키는 것 자체보다 안식일의 의미를 묻는 인식의 전환을 요구하고 있다. 즉 예수님께서는 안식일에 병을 고치거나 혹은 안 고치는 일과 같은 표면적인 문제를 다룬 것이 아니라, 선을 행하는 일과 악을 행하는 일, 생명을 살리는 일과 생명을 잃어버리는 일을 대조시켜 신앙의 본질이 무엇인지 말씀하고 있다. 안식일의 주인은 하나님이시고 하나님은 안식일을 창조 때부터 하나님의 날로 구별하여 두셨다. 또한 예수님은 스스로 자신이 안식일의 주인이라고 하셨다(마 12:8). 그만큼 안식일은 하나님 편에서도 그리고 성도의 편에서도 중요한 신앙의 요소이다. 구약에서는 이 안식일을 귀중히 여기고 오락과 사사로운 말을 금하는 등(사 58:13-14) 엄격하게 다루었다. 이는 바리새인들의 율법적 근거가 되었다. 그들로 인해 안식일이 안식을 위한 날이라기보다 안식일을 위하여 모든 것을 금하고 절제하는 그런 날이 되어버렸다.

그런데 예수님께서 오늘 말씀을 통해 안식일에 대한 율법적 외식을 지적하고 안식일의 본래적 의미를 다시 설명하고 있다. 외식하는 바리새인들과 같이 율법적 해석을 한다면 안식일에 병자를 고치면 안 된다. 그러나 안식일이 근본적으로 안식을 통해 새 생명의 기운을 공급받는 거룩한 날이라면 단순히 노동을 하지 말아야 하기에 병자를 고칠 수 없다는 것은 논리적 타당성이 없는 명제가 된다. 그러므로 예수님에게는 생명을 살리는 일이야말로 하나님의 거룩한 뜻이기에, 안식일을 만드신 하나님의 거룩한 뜻이 발현되기 위해서는 안식일에 생명을 살리는 거룩한 일이 반드시 수행되어야 할 일이 된다. 따라서 안식일은 율법적인 해석이 아닌, 그 근본정신에 맞추어 해석되어야 한다.

또한 우리는 안식일뿐 아니라 삶의 모든 과정 속에서 율법적 해석을 통해 하나님 말씀의 본질을 떠나 형식과 외식에 빠져 있지는 않는지 스스로 되돌아 볼 수 있어야 한다. 주님께서는 우리가 생명을 살리고 생명을 사랑하는 일을 원하시지, 말씀을 지킨다고 하면서 실제로는 하나님이 원하시는 바를 어기고, 겉으로는 하나님의 영광이라는 외형적 탈을 쓴채 실제로는 자신의 영광을 위해 살아가는 것을 원하시는 것이 아니다.

생명을 살리는 일이란……

아래의 글을 읽고 주어진 질문에 답해 봅시다.

> 어느 교회의 고등부에서 교사들이 학생들의 출석률을 높이기 위해 여러 프로그램을 시도하던 중, 반별로 매월 1회씩 외부 활동을 하기로 했다. 예배를 마친 후 공과공부를 하지 않고 반별 단합대회 형식으로 피자집을 가거나 운동을 하거나 봉사활동을 하는 등 반의 결속력을 다질 수 있도록 계획하였다. 그리고 이를 활성화하기 위해 금전적인 지원도 하기로 했다. 또, 특별히 이 날을 모든 학생들이 교회에 오는 날로 정했다. 교사들은 학생들끼리 서로 연락하여 친화력을 높힘으로써 교회에 잘 나오지 않는 학생들에게

교회에 나올 수 있는 기회를 만들어 주고 또 새 친구를 전도할 수 있는 기회도 마련해 주자 한 것이다. 그런데 유독 한 교사가 이를 반대했다. 이 교사는 상당한 신앙의 연륜을 가지고 있으면서 나름대로 봉사도 많이 하시는 분이었다. 이 교사는 이사야 53장 13-14절을 언급하면서 안식일에 오락을 금하라고 했는데 무슨 학생들을 데리고 피자집을 가고 공원에 가고 운동을 하는 등 이런 집단적인 활동을 하느냐며 주일에는 경건하게 지내도록 학생들을 유도해야 한다고 고집했다.

1. 만약 당신이 고등부 교사라면 당신은 어떤 선택을 하시겠습니까?

각자의 생각을 이야기해 보자.

본 질문에서는 학습자가 문제 상황을 인식할 수 있도록 유도해야 한다. 본 장의 목표는 가치관의 변화이다. 외면적 관점이 아닌 내면적인 관점을 살필 수 있는 시각을 갖도록 길을 열어주고자 하는 데 목적이 있다. 따라서 위의 문제를 통해 두 관점, 즉 말씀을 문자적으로 해석하여 지키려는 관점과 말씀을 더 넓은 관점에서 해석하여 현실 생활에 적용하고자 하는 관점의 차이를 이해하게 해야 한다. 단순한 대립이 아니라 이 대립이 갖는 의미를 서로 나눌 수 있도록 한다. 물론 위 부서의 활동 프로그램이 지나치게 흥미 위주로만 전락하는 것 역시 결코 바람직하지 않다.

2. 집사님의 주장대로 주일날 이런 일을 하면 안 된다고 한다면, 누가복음 14장 5절 말씀은 어떻게 해석할 수 있습니까?

> "또 그들에게 이르시되 너희 중에 누가 그 아들이나 소나 우물에 빠졌으면 안식일에라도 곧 끌어내지 않겠느냐 하시니"(눅 14:5)

안식일에는 일을 해서는 안 되므로 사고를 당한 아들이나 소가 그냥 죽도록 내버려두어야 한다.

성경의 말씀을 문자적으로만 해석하고자 하는 관점으로는 위의 말씀을 해석할 수 없다. 왜냐하면 그냥 죽도록 두어야 하기 때문이다. 그러나 예수님은 자신의 오신 목적을 "하나님의 사랑이 우리에게 이렇게 나타난 바 되었으니 하나님이 자기의 독생자를 세상에 보내심은 그로 말미암아 우리를 살리려 하심이라(요일 4:9)."라고 하셨다. 생명을 살리는 일이 가장 소중하다는 주님의 뜻을 이해할 수 있어야 한다. 형식에 얽매여 내용이 사라져 버린다면 바리새인과 같은 신앙적 위험에 처할 수 있다는 것을 생각해야 한다.

3. 교회의 본연의 직무는 예배입니다. 그럼에도 교회가 문화 사업이나 혹은 구제사업 등을 통해 비 신앙인들이 교회를 접할 수 있는 기회를 만들어 가는 것은 생명을 살리는 일과 어떤 관계가 있다고 할 수 있을까요?

직접적인 전도행위라고 할 수는 없지만 믿지 않는 이들에게 다가가서 복음을 전할 수 있는 환경을 조성하는 소중한 일이다.

우리는 복음에 정면으로 위배되는 일이 아니라면 어떤 일이든지 복음의 가능성을 두고 시도할 수 있어야 한다. 불신자를 구원하기 위해서, 혹은 신앙 성장을 위해서, 하나님 앞에 죄를 범하는 경우가 아니라면 무슨 일이라도 시도하는 것이 의미 있는 일이 될 수 있다. 왜냐하면 한 생명이 천하보다 귀하기 때문이다. 그러나 한 가지 경계해야 할 것이 있다. 바로 인간은 근본적으로 죄악을 합리화하려는 죄성을 갖고 있다는 점이다. 인류는 바벨탑을 쌓으면서도 흩어짐을 면한다고 하는 나름대로의 합리화된 이유를 가지고 있었다. 아담과 하와도 자신의 잘못이 아닌 하와 때문에, 혹은 뱀 때문이라고 하는 이유가 있었다. 구원을 위해서 어떤 가능성도 타진할 수 있지만 죄를 짓는 것마저 합리화해서는 안 된다.

가장 소중한 것

배울말씀인 마가복음 3장 1-6절과 각 문제마다 주어진 성경구절을 찾아 읽고서 다음의 질문에 답해 봅시다.

1. 창세기 2장 2-3절과 출애굽기 31장 13절을 읽어 봅시다. 이 성경구절을 통해 본다면 하나님과 사람과의 관계에서 가장 우선시 되는 일은 무엇이라고 할 수 있을까요?

> 하나님이 그가 하시던 일을 일곱째 날에 마치시니 그가 하시던 모든 일을 그치고 일곱째 날에 안식하시니라
> 하나님이 그 일곱째 날을 복되게 하사 거룩하게 하셨으니 이는 하나님이 그 창조하시며 만드시던 모든 일을 마치시고 그 날에 안식하셨음이니라 (창 2:2-3)
>
> 너는 이스라엘 자손에게 말하여 이르기를 너희는 나의 안식일을 지키라 이는 나와 너희 사이에 너희 대대의 표징이니 나는 너희를 거룩하게 하는 여호와인 줄 너희가 알게 함이라 (출 31:13)

안식일을 지키는 일

안식일은 이스라엘 민족이 하나님의 백성이 되고 하나님이 이스라엘의 하나님 되심을 인정하는 약속이다. 따라서 안식일을 지킨다는 것은 자신이 하나님의 백성이라는 것을 인정함으로써 하나님을 인정하는 거룩한 행위이다. 그러므로 안식일은 사람에게나 하나님에게나 가장 우선시 되는 일이다.

2. 안식일을 지키는 것은 내가 곧 무엇임을 의미합니까? 레위기 19장 3절을 통해 확인해 봅시다.

> 너희 각 사람은 부모를 경외하고 나의 안식일을 지키라 나는 너희의 하나님 여호와이니라 (레 19:3)

안식일을 지키는 것은 내가 곧 하나님의 사람이며 하나님이 나의 하나님이 되신다는 의미임

안식일은 하나님께서 친히 정하신 날로, 안식하며 하나님께 나아가는 날이다. 안식일을 지킨다는 것은 안식일을 인정하고 더 나아가 하나님을 인정하는 것이다. 안식일을 제정한 당사자의 뜻을 인정하고 따른다는 것은 내가 안식일을 만든 분의 존재를 인정하는 것이 되기 때문이다. 따라서 안식일을 지키는 것은 곧 나 자신이 하나님을 인정하고 하나님의 사람으로 살고 있다는 신앙적 표현이다.

3. 하나님께서 안식일을 지키는 것보다 더 소중하게 여기시는 일은 무엇입니까? (막 3:4)

안식일을 포기하시면서까지 하시고자 하는 일 곧, 선을 행하는 일과 생명을 구하는 일

본문의 내용은 예수님께서 회당에 들어가시어 손 마른 사람을 고치신 이야기이다. 이를 두고 바리새인들이 예수님을 정죄하였다. 그러자 예수님께서 그들에게 안식일에 생명을 살리기 위해 일하는 것이 성경적인지 아닌지를 다시 물으셨다. 유대인에게 있어서 안식일은 어떤 노동도 해서는 안 되는 날이다. 하나님께서 '안식일을 거룩히 지키라'고 하셨으므로 노동을 해서는 안 된다. 그런데 예수님이 안식일에 병자를 고치셨고 이에 대해 바리새인들은, 이 일은 곧 노동과 같은 것이므로 안식일에는 병을 고치지 말아야 한다고 주장하였다. 그렇다. 안식일은 하나님이 자기 백성에게 명령한 규례이며 하나님 백성임을 인정하는 하나의 약속이다. 이스라엘 민족이 이스라엘 민족인 이유는 이들이 안식일을 지키고 있기 때문이다. 그러나 안식일의 주인 되신 주님은 그 안식일마저 생명을 살리는 일을 위해서는 포기하시는 하나님이시다. 다시 말해 우리를 위해서라면 그 모든 것을 내어주실 수 있는 하나님이시라는 것이다. 진정으로 중요한 것은 하나님이 아끼시는 생명을 살리는 일이다.

4. 예수님은 안식일의 주인임에도 불구하고(마 12:8, 막 2:28, 눅 6:5) 그 안식일을 양보하면서까지 우리에게 생명을 살리는 일을 강조하셨습니다. 생명을 살리는 일이란 구체적으로 무엇을 말하는 것일까요? (행 1:8 참고)

> 오직 성령이 너희에게 임하시면 너희가 권능을 받고 예루살렘과 온 유대와 사마리아와 땅 끝까지 이르러 내 증인이 되리라 하시니라 (행 1:8)

땅 끝까지 이르러 주님의 증인이 되는 것으로, 즉 선교와 복음전파에 힘을 다해야 한다. 그리고 어디에 있든지 무엇을 하든지 다 복음을 위하여 해야 한다.

안식일을 양보하실 정도로 하나님이 중요시 하신 것이 있다. 바로 생명이다. 생명을 살리는 일이 그 무엇보다 중요한 일이다. 그래서 하나님은 모든 인류를 살리시기 위해 독생자 예수 그리스도를 이 땅에 보내셨고 우리의 모든 죄를 대속하셨다. 생명을 살리는 일은 육신의 생명을 살리는 일과 영혼의 생명을 살리는 일로 구분할 수 있다. 영혼을 살리는 일은 복음을 전하여 그리스도를 고백하게 함으로 천국 백성이 되게 하는 것이다. 그리고 육신을 살리는 일은 이웃을 내 몸과 같이 사랑함을 통해 이웃의 고통을 치유하며 돕는 것이다. 그러므로 생명을 살리는 일은 영혼과 육신이 모두 살아나는 일이며 무엇이 먼저라고 할 수 없이 긴밀하게 관계되어 있다. 생명을 살리는 일은 생명을 사랑하고 아끼시는 하나님의 자녀로서 우리가 마땅히 행할 바로 이해해야 한다. 이 일은 복음전도와 세계선교로 귀결되어야 한다.

반성하기   당신도 생명을 살릴 수 있습니다

다음 기사를 읽고 주어진 질문에 답해 봅시다.

함께 읽어 봅시다.

아직도 세상에는 하나님을 알지 못하는 사람들이 많다. 전체 인구 중 95% 이상의 사람들이 복음을 들어보지 못해서 스스로 복음화 될 수 없는 미전도 종족이다. 이런 인구가 총 29억 명 이상이나 된다.

전 세계 종족 수	16,791
전도종족 수	7,275
미전도종족 수 비율	43.3%
전 세계 인구	71억명
미전도종족 인구	29억명
미전도종족 인구 비율	40.7%

(차트 자료)

출처 : www.joshuaproject.net_ 2013.8.21

출처 : 미전도종족선교연대(http://www.upma21.com)

1. 주님의 복음을 듣지 못한 미전도 종족들에 대해 관심을 가져본 적이 있습니까? 있다면 이들을 위해 어떤 일을 해 보았습니까? 사도행전 13장 47절의 말씀을 바탕으로 생각해 봅시다.

> 주께서 이같이 우리에게 명하시되 내가 너를 이방의 빛으로 삼아 너로 땅 끝까지 구원하게 하리라 하셨느니라 하니 (행 13:47)

성경 구절을 바탕으로 각자의 생각과 경험을 이야기해 보자.

미전도 종족이란 복음을 들어보지 못해서 그들 스스로가 복음화 될 수 없는 종족 집단을 말한다. 선교학적인 측면에서는 각 종족 당 기독교인이 5% 이하인 종족을 미전도 종족의 범위에 포함시킨다. 2013년 현재 전 세계 종족의 43.4%의 종족이 미전도 종족으로 남아있다(자료 : upma21.com 미전도종족선교연대). 미전도 종족에 대해 소개한 후, 이들을 위해서 함께 할 수 있는 일들이 무엇인지 알려주고 교회에서 할 수 있는 일도 모색해 보자.

2. 우리 가정(가족, 친척)에는 믿지 않는 분들이 얼마나 되나요? 내가 살고 있는 곳의 복음화율은 얼마나 될까요? 골로새서 4장 3절, 디모데후서 4장 17절의 말씀을 바탕으로 내가 먼저 복음을 전해야 할 사람들에 대해 생각해 보고, 믿지 않는 영혼들을 위해, 지역사회를 위해 우리 각 개인과 교회가 무엇을 해야 하는지 함께 논의해 봅시다.

기도하며 복음을 전할 준비에 만전을 기한다. (골 4:3)
주님이 함께해 주신다는 믿음을 가지고 끝까지 포기하지 않는다. (딤후 4:17)

위 말씀들을 바탕으로 구체적인 실천 사항들을 이야기해 보자.
믿지 않는 남편과 아내, 자녀, 그리고 부모님을 생각해 보자. 친척 중에 내가 복음을 전해야 하는 사람들은 누구인가? 가까운 이웃 중에서 복음을 필요로 하는 사람들은 누구인가? 그들에게 어떤 방법으로 다가서야 하는가? 노력은 하고 있는가? 얼마나 진심으로 복음을 전하고자 했는가 등, 한 생명의 귀중함을 생각하며 이야기 나누어 보자.
지역의 복음 전파에 관해서는 인터넷 사이트(예 www.upma21.com, www.kcm.co.kr, www.krim.org, www.islammission.org 등)로도 확인해 볼 수 있다.

엘리자베스 엘리엇 여사의 사랑

엘리자베스 엘리엇에 관한 아래의 글을 읽고 내가 사랑하는 이의 영혼과 육체의
생명을 위해 함께 기도하는 시간을 갖도록 합시다.

(사진 자료)

사진 속의 여인은 1956년 1월 8일 아우카 부족
에게 28살의 젊은 남편 짐 엘리엇을 잃어야 했던
엘리자베스 엘리엇이다.

'짐 엘리엇'

그는 하나님 앞에선 경건했고 관계에 있어선 진
지했으며 비전에 있어선 겸손했다. 그리고 선교사
로서 그는 자신의 생명을 하나님 앞에 기꺼이 드릴
만큼 철저했다.

28살의 나이에 그토록 간절히 바랐고 사랑했던 아우카 부족에게 복음조
차 전해보지 못하고 잔인하게 그들의 창과 화살에 살해되어야 했던 짐 엘리
엇과 4명의 선교사들.

그러나 1년 후, 간호사 훈련을 받은 짐 엘리엇의 아내 엘리자베스가 아우
카 부족에게 간다. 죽음을 각오하며...

그런데 그녀조차도 몰랐던 사실. 아우카 부족은 남자는 죽이지만 여자는
죽이지 않는 부족이었다.

5년 동안 그들을 위하여 헌신한 엘리자베스가 안식년이 되어 돌아간다고
하자, 추장이 파티를 열어주면서 그녀가 누구인가를 물었다. 그러자 부인이
대답했다.

"5년 전에 당신들이 죽인 남자가 제 남편입니다. 하나님의 사랑 때문에 저
도 여기까지 오게 되었습니다."

그 이야기를 듣고, 아우카 부족은 예수 그리스도를 구세주로 영접했다.

그로부터 약 10여 년 후, 5명의 선교사들의 가슴에 창과 화살을 꽂았던 '키모'라는 아우카 부족인이 아우카 부족 최초의 목사가 되었다. 그리고 순교한 선교사들의 자녀 중 2명이 그들의 아버지가 순교의 피를 흘린 팜 비치 강가에서 '키모' 목사에게 세례를 받게 된다.

세상에서 가장 큰 고통 중 하나는 사랑하는 사람을 잃는 고통이다. 하지만, 사랑하는 남편을 잔인하게 잃어야했던 엘리자베스 엘리엇은 남편의 죽음을 헛되이 하지 않으실 하나님의 꿈을 보았다. 사랑하는 남편의 생명을 빼앗아간 아우카족에 대한 사랑, 그 사랑이 아우카족의 영혼의 생명을 구원하는 길이 되었다.

1. 사랑하는 남편의 생명을 앗아간 아우카 부족을 위해 자신의 일생을 드린 엘리엇 여사과 그의 가족들에 대해서 서로 이야기를 나누어 봅시다. 나는 다른 사람의 생명을 위해 나의 인생을 드릴 수 있습니까?

각자의 생각을 나누어 보자.

본 질문에 대한 대답은 여러 가지가 나올 수 있다. 현실에서 우리가 감당해 내기에는 엘리엇 여사의 사랑이 너무 크고, 그 가족들의 삶이 너무 숭고하게 여겨질 수도 있다. 하지만 믿지 않는 영혼들을 위해 자신의 삶을 드린 참 사랑의 정신은 모든 기독교인들이 잊지 말아야 할 정신이다.

2. 영적인 생명, 육체적인 생명을 위해 내가 기도해야 할 사람들은 누구입니까? 그들을 위해 함께 기도하고 그들에게 직접적으로 사랑을 전할 수 있는 방법을 찾아봅시다.

	누구를 위해	어떻게 생명 사랑을 실천할까?
육체의 생명을 위해	췌장암으로 입원해 계신 옆집 할머니를 위해	당장 병원에 병문안을 가서 말벗이 되어 드리고 기도해 드린다.
영적인 생명을 위해	믿지 않는 우리 시아버지를 위해	그리스도인으로서 더욱 정성을 다해 섬기고 일주일간 새벽 기도에 참석해서 구원해 달라고 기도해야 겠다.

(차트 자료)

반드시 사람이 대상이 되어야 하는 것은 아니다. 우리의 사랑을 통해서 생명이 구원을 받을 수 있는 모든 사람들과 단체 그리고 기관을 생각해보고 구체적인 실천 방안을 이야기 한다. 서로 이야기를 나눈 후 기도로 마무리 한다.

새길말씀 외우기

도둑이 오는 것은 도둑질하고 죽이고 멸망시키려는 것뿐이요 내가 온 것은 양으로 생명을 얻게 하고 더 풍성히 얻게 하려는 것이라 (요 10:10)

결단의 기도

사랑의 주님! 나를 사랑하시고 구원해 주시니 감사드립니다. 내가 가는 곳마다 복음을 전하게 하시고 그곳에서 생명이 살아나고 희망이 솟아나며 내일을 위한 진보가 드러나게 하소서. 힘겹고 어려운 이웃들과 교우들에게 희망을 전해줌으로써 생명을 살리는 일을 하게 하소서. 예수님 이름으로 기도합니다. 아멘.

평신도 양육교재

평가하기

평가항목	세부사항	그렇다	그저 그렇다	아니다
인도자의 준비도	인도자는 본 과의 교육목적을 이루기 위해 충분히 준비했습니까?			
교육목표의 성취도	학습자들이 생명을 살리기 위한 일에 우리의 삶의 초점을 맞추어야 한다는 사실을 깊이 깨닫고 인식했습니까?			
학습자의 참여도	학습자들이 진지하고 적극적인 태도로 성경공부에 임했습니까?			
성경공부의 분위기	성경공부를 하는 동안 학습자가 편안한 분위기를 느낄 수 있었습니까?			
기타 보완할 점	기타 보완할 점이나 건의사항이 있습니까?			

MEMO

5

열매 맺는 삶

교육주제 신앙인다운 열매를 맺는 삶을 살자.

배울말씀 마태복음 7장 15-27절

도울말씀 막 5:18-20, 눅 7:13-16, 딤전 4:15

새길말씀 오직 우리 주 곧 구주 예수 그리스도의 은혜와 그를 아는 지식에서 자라 가라
(벧후 3:18상)

이룰 목표

① 하나님의 뜻을 실천하는 자가 되라는 예수님의 말씀을 기억한다.

② 신앙생활의 연륜을 쌓아갈수록 신앙의 성숙과 진보가 있어야 함을 깨닫는다.

③ 삶의 자리에서 신앙의 열매를 맺는 기독교인이 되기로 결단한다.

교육흐름표

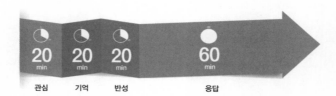

| 20 min | 20 min | 20 min | 60 min |
| 관심 | 기억 | 반성 | 응답 |

교육진행표

구분	관심갖기	기억하기	반성하기	응답하기
제목	빌 게이츠의 결단	열매를 보면	삶의 자리에서	나의 열매 꿈꾸기
내용	빌 게이츠 부부가 자신의 재산을 가난, 질병, 교육의 개선을 위해 기부한 기사를 읽고 기독교인의 의미있는 삶을 이야기한다.	예수님은 산상수훈의 결말로, 하나님의 뜻대로 실천하며 사는 자가 될 것을 부탁하셨다.	예수님을 만나 은혜를 받은 자들은 삶의 자리에서 은혜 받은 것을 증거하는 삶을 살아야 한다.	남은 인생 동안 자신의 삶을 통해 어떤 열매가 남기를 바라는지 생각하고 함께 나눈다.
방법	기사 읽고 이야기하기	성경 찾아 답하기	성경 찾아 답하기	결단하고 나누기
준비물	산상수훈 행하신 팔복산과 팔복교회 사진 빌게이츠 부부 사진			
시간	20분	20분	20분	60분

말씀 이해

1. 본문의 배경

마태복음 5-7장은 소위 산상수훈(山上垂訓)이라고 불리는 예수 그리스도의 첫 설교이다. 예수님께서는 이 산상수훈을 통해 자신이 메시아 되심을 나타내시며 공생애를 시작하셨다. 예수님은 산상수훈을 통해 구약의 약속들과 예언을 성취하시고 그것을 새롭게 해석하여 율법의 새 기준을 제시하고 있다. 사실 산상수훈의 비밀은 마땅히 지켜야 할 삶의 원리를 지키면 그 공로로 천국에 들어갈 수 있다는 것이 아니라, 오히려 천국 시민의 완전한 삶의 모습을 제시함으로써 성도 스스로는 이것을 지켜 의에 이를 수 없다는 것을 알게 하고, 오직 예수 그리스도 안에서만 이것이 가능하다는 것을 깨닫게 하기 위한 것임을 알아야 한다. 산상수훈을 통하여 천국 백성으로서의 가치 개념을 정립하고 그 가치에 따라 세상의 소금과 빛이 되어야 한다.

2. 열매 맺는 신앙 (마 7:15-27)

마태복음 5장부터 시작된 산상수훈이 본문을 통해 마무리된다. 지금까지 소개한 예수님의 가르침에 대해 실천을 촉구하고 좋은 나무와 못된 나무, 참된 제자와 거짓 제자, 그리고 지혜로운 건축자와 어리석은 건축자를 비교하며 열매 맺는 삶을 사는 성도들이 될 것을 요구하고 있다.

본문은 신앙적 모습이 외형적으로 화려하고 사람들에게 존경받는 위치에 있다고 하더라도 믿음의 실천을 통한 열매를 맺지 못하면 결국 심판대에서 주님을 만나게 될 때 준엄한 책망과 배척을 받게 될 수밖에 없음을 설명하고 있다. 그러므로 성도들은 말씀을 행하는 자가 되어야 한다. 말씀을 듣기만 하여 자신을 속이고 하나님을 속이는 사람이 되지 말아야 한다(약 1:22-25).

또한 경건의 모양과 능력을 구분하고 거짓 선지자에게 미혹을 받지 않도록 영적 분별력을 가지고 있어야 한다. 본문은 이들을 구별할 때 열매를 보고 알 수 있다고 했다. 따라서 성도라면 열매 맺는 삶을 살아야 한다. 본문은 열매를 맺는 삶을 반석 위에 집을 짓는 지혜로운 삶이라고 말한다. 열매는 나 자신의 신앙의 척도임과 동시에 모든 것을 판단할 수 있는 근거이기도 하다. 또한 열매 맺는 신앙은 바른 지도자가 가져야 할 신앙의 결과이면서 동시에 바른 성도가 갖는 결과물이기도 하다. 열매를 맺는 신앙인은 세상을 향해 영향력을 미칠 뿐 아니라 하나님 나라의 일꾼이 될 수 있다.

예수님께서는 마지막 심판의 날에 우리가 이 세상에서 얼마나 열매를 맺으며 살았는지의 여부에 따라 심판하신다(마 25:31-46)고 분명히 말하고 있다. 그러므로 열매 맺는 삶이 무엇인지 본 과를 통해서 찾아본다. 예수 그리스도께서 모범을 보이신 대로 순종하며 살면 열매 맺는 삶을 발견하게 되리라 기대한다.

평신도 양육교재
관심갖기   빌 게이츠의 결단

다음 글을 읽고 주어진 질문에 답해 봅시다.

> 마이크로소프트(MS) 창업자인 빌 게이츠(Bill Gates)가 지난 2008년, 마이크로소프트의 새로운 대표를 선임하고 자신은 일부 업무만 맡기로 결정했다. 그는 '빌 앤드 멜린다 게이츠 재단(Bill & Melinda Gates Foundation)'을 통해 기아 퇴치, 영양실조와 소아마비 퇴치, 교육 후원 등의 자선사업을 더욱 활발히 하기로 했다. 세계적인 투자 전문가이자 부호인 워렌 버핏(Werren Buffett)이 재단에 자신의 재산을 기탁하면서 '빌 앤드 멜린다 게이츠 재단'은 세계에서 가장 막대한 기금을 보유한 기부재단이 되었다.
> 빌 게이츠는 지난 2013년 4월 대한민국 국회를 방문해 "부를 쌓았다면 스스로 돈을 다 써버리거나, 자녀에게 물려주거나, 사회에 환원하거나 하는

선택지가 주어진다."며 "스스로 돈을 쓰는 것은 한계가 있고, 자녀에게는 최고의 교육과 경험의 기회를 준 다음에는 스스로 성취감을 느낄 수 있도록 해야 한다."라고 설명했다. 이어 "재산의 75%를 최빈국에 기부하고 25%를 미국의 교육체계 개선에 사용할 계획이다."라고 덧붙였다.

아시아경제 2013년 4월 22일 이민우 기자 기사참조

세계적인 부호이자 가장 많은 돈을 기부한 빌 게이츠가 이렇게 말했다. "성공을 거둔 기업가는 부를 사회에 환원하고, 세계의 불평등을 개선할 수 있는 길을 찾아야 합니다. 이것이 우리의 사회적 책임입니다. 내 인생의 후반은 주로 의미 있게 돈을 쓰는 일에 바칠 겁니다."

http://blog.naver.com/incubating_/80194001869 참조

빌과 멜린다 게이츠 부부(사진 자료) (www.gatesfoundation.org에서 발췌)	자선사업에 동참할 것을 발표하는 워렌 버핏과 빌과 멜린다 게이츠 부부 (www.gatesfoundation.org에서 발췌)

1. 빌 게이츠는 컴퓨터를 보급함으로써 세상 사람들에게 많은 영향력을 끼친 사람입니다. 기독교인으로서 빌 게이츠가 하나님의 영광을 드러내는 일을 했다면 무엇입니까?

기술을 발전시켜서 사람들을 편리하게 만들었다. 그리고 이것을 통해 세계 최고의 부를 이룬 것을 넘어서, 결국에는 자신의 부와 인생을 다른 사람들을 위해 사용하겠다는 결단하여 그것을 실천했다.

열매 맺는 삶이란 무엇일까? '빌 게이츠'하면 최고의 갑부라고 하는 명칭이 어색하지 않다. 그런데 그는 자신의 삶의 목표를 자선사업으로 전환한 후 갑부에서 자선사업가로, 돈에서 사랑과 신앙으로 자신의 가치관을 바꾸었다.

하나님의 사람으로 살아가며 열매를 맺는 삶이란 무엇을 말하는 것일까? 단순히 하나님 일을 하기 위해 목회자의 길을 가거나 거리의 전도자가 되는 것이 하나님의 영광을 위한 길이라는 생각을 넘어서서, 이제는 성령의 다양한 열매를 삶 속에서 구체적으로 드러냄으로써 하나님의 영광을 나타내는 것에 더 큰 노력을 기울여야 한다. 빌게이츠는 이런 삶을 살고 있다. 그는 자신의 삶에서 믿음의 결과들이 구체적으로 드러나게 하는 것으로 건강하고 모범적으로 살면서 많은 이들에게 영향력을 미치고 있다.

2. 나의 삶의 자리에서 나는 다른 사람들에게 어떤 이미지를 갖고 있나요? 또한 앞으로 형성하고 싶은 이미지가 있다면 무엇인지 구체적으로 이야기해 봅시다.

자신에 대해서 진지하게 생각해 본 후에 함께 이야기를 나누어 보자.

자신이 어떤 이미지로 남들에게 보여지고 있는지를 스스로 되돌아 볼 수 있는 시간을 만들어주자. 현재 속해 있는 여러 집단에서 선한 영향력을 얼마나 미치고 있는지, 그리고 그리스도인으로서 얼마나 자신을 드러내고 있는지를 숙고할 수 있도록 하자. "너희가 전에는 어둠이더니 이제는 주 안에서 빛이라. 빛의 자녀들처럼 행하라(엡 5:8)."라고 하신 말씀을 생각하며 그리스도인으로서의 삶의 모습을 회복할 수 있도록 서로 격려하도록 하자.

열매를 보면

배울말씀인 마태복음 7장 15-27절은 예수님의 산상수훈의 결론입니다. 말씀을 찾아 읽고 아래의 질문에 대답해 봅시다.

1. 좋은 나무와 못된 나무를 구별하는 방법은 무엇입니까? (마 7:16-20)

> 그들의 열매로 그들을 알지니(16절),
> 그들의 열매로 그들을 알리라(20절)

좋은 나무는 좋은 열매를, 못된 나무는 나쁜 열매를 맺는다고 설명하신다. 즉 좋은 열매를 맺는 나무는 좋은 나무이고, 나쁜 열매를 맺는 나무는 못된 나무라는 것이다. 그가 맺은 열매를 보아 나무가 좋은지 안 좋은지를 알 수 있다는 것이다. 이는 당시에 하나님의 율법을 가르치면서 자신의 삶의 행실과 인격은 율법에 순종하지 않는 교사들과 지도자들을 비판하신 말씀이다. 동시에 지금의 기독교인들에게도 해당되는 말씀으로, 우리의 삶 속에서 드러나는 열매가 곧 우리의 신앙을 그대로 보여주는 것임을 말하는 것이다.

2. '주여 주여 하는 자'들이 천국에 들어가지 못하는 이유는 무엇입니까? (마 7:21-23)

> 하늘에 계신 아버지의 뜻대로 행하지 않기 때문에(21절)

'주여 주여 하는 자'가 지칭하는 것은 스스로 기독교인이라고 자처하고 종교적인 모습은 갖추고는 있지만 정작 하나님의 뜻과 아무런 상관이 없는 삶을 사는 사람들이다. 예수님은 이들을 '불법을 행하는 자들'이라고 꾸짖으셨다. 이는 내 삶의 온전한 주인으로 하나님을 모시지 않으면서, 기독교인으로서의 의식, 예를 들면 예배하는 의식, 기도하는 의식, 온전한 신앙 없이 '주여' 혹은 '아멘'을 외치는 외식적인 삶을 살지 말라고 경고하시는 말씀이다. 예수님은 이 말씀을 통해 우리에게 하나님 아버지의 뜻대로 살고 있는지를 진지하게 묻고 계신 것이다.

3. 지혜로운 건축가와 어리석은 건축가의 차이점은 무엇입니까? 그리고 예수님이 건축가 비유를 통해 하시고자 하시는 말씀은 무엇입니까? (마 7:24-27)

지혜로운 건축가는 반석 위에 집을 지은 자이고, 어리석은 건축가는 모래 위에 집을 지은 자이다.
따라서 비가 오고 바람이 불면 반석 위에 지은 집은 무너지지 않고 모래 위에 지은 집은 무너진다.

예수님은 자신이 산상수훈을 통해서 전한 하나님의 뜻을 듣고 그것을 삶 속에서 실천하는 사람은 지혜로운 건축가가 지은 집 같이 그의 신앙이 견고하여 어떠한 시련과 환경 속에서도 주님의 뜻에 합하게 살아갈 수 있다고 말씀하셨다. 반면 자신의 가르침을 포함하여 하나님의 말씀을 듣기는 하나 삶 속에서 그대로 순종하여 실천하지 않는 사람은 아무리 많은 말씀을 듣고 혹은 예배를 드려도 신앙의 기초가 없기 때문에 새로운 환경에 처하거나 시련이 왔을 때 무너지게 될 것을 경고하셨다. 결국 이 말씀은 하나님의 말씀을 삶의 자리에서 순종하고 실천해야 신앙이 성숙하고 견고해질 수 있다고 가르치고 계신 것이다.

평신도 양육교재
반성하기

삶의 자리에서

배울말씀인 마태복음 7장 15-27절을 읽고 주어진 질문에 답해 봅시다.

1. 귀신에게서 놓임을 받은 사람이 주님의 은혜에 감사하여 주님을 따라가기를 청했을 때, 주님은 이 사람에게 무엇을 원하셨습니까? (막 5:18-20)

예수께서 배에 오르실 때에 귀신 들렸던 사람이 함께 있기를 간구하였으나 허락하지 아니하시고 그에게 이르시되 집으로 돌아가 주께서 네게 어떻게 큰 일을 행하사 너를 불쌍히 여기신 것을 네 가족에게 알리라 하시니 그가 가서 예수께서 자기에게 어떻게 큰 일 행하셨는지를 데가볼리에 전파하니 모든 사람이 놀랍게 여기더라 (막 5:18-20)

삶의 자리로 돌아가 은혜의 증거가 되는 것

예수님께서 데가볼리(거라사) 지방에서 군대귀신 들린 자를 깨끗게 하셨다. 이 사람은 예수님이 떠나가실 때 함께 가기를 간청했다. 그러나 주님은 "네 삶의 자리로 돌아가 주께서 어떻게 크신 일을 행하였는지 알리라."라고 하셨다. 다시 말해 받은 은혜를 가지고 일상의 자리로 돌아가 열심히 살면서 그 은혜의 증거가 되라는 것이다. 그래서 이 사람은 삶의 자리로 돌아갔고 은혜의 증거가 드러나자 모든 사람이 기이히 여기게 되어 복음이 크게 전파되었다. 만약 이 사람이 예수님의 명령을 따르지 않고 주님과 같이 돌아만 다녔다면 자신이 받은 은혜를 다른 사람들에게 전해줄 기회를 갖지 못했을 수도 있다. 그리하여 그 놀라운 사건이 단지 한 사람의 일이 되고 말았을 것이다. 그러나 그가 순종함으로써 많은 사람에게 은혜가 나누어지게 되었다. 즉 복음의 증폭이 일어난 것이다. 열매를 맺는다는 것은 받은 은혜를 나 혼자 간직하지 않고 많은 사람들과 나누는 것이다. 그 열매를 집약한

5단원 생명을 살리는 삶 73

다면 성령의 9가지 열매로 이야기할 수 있다. 이제 우리는 이 열매를 내 삶에서 발견해서 많은 이들과 나눌 수 있는 방법을 찾아갈 것이다.

2. 나인성의 홀로된 여인을 불쌍히 여기신 주님이 그녀의 아들을 살려내서 여인에게 주셨습니다. 주님이 그 아들을 데리고 다니시면서 기적의 증인으로 삼지 않으시고 그의 어머니에게 돌려 주셨던 이유는 무엇일까요? (눅 7:13-16)

주께서 과부를 보시고 불쌍히 여기사 울지 말라 하시고 가까이 가서 그 관에 손을 대시니 멘 자들이 서는지라 예수께서 이르시되 청년아 내가 네게 말하노니 일어나라 하시매 죽었던 자가 일어나 앉고 말도 하거늘 예수께서 그를 어머니에게 주시니 모든 사람이 두려워하며 하나님께 영광을 돌려 이르되 큰 선지자가 우리 가운데 일어나셨다 하고 또 하나님께서 자기 백성을 돌보셨다 하더라 (눅 7:13-16)

삶의 자리에서 열심히 살면서 복음의 증거자가 되라고

본문의 내용은 예수님께서 나인성을 방문하셨을 때의 일이다. 홀로된 여인이 독자 아들과 살고 있었다. 그런데 그 아들이 죽게 된다. 많은 이들이 그의 시신을 장례하기 위해 메고 오는데 주께서 이 여인을 불쌍히 여겨 아들을 살려주신다. 죽은 자가 살아났으니 많이 이들이 놀랐고 예수님께서 메시아이신 증거가 되기에 충분한 일이었다. 그러나 예수님은 이 기적의 사람이 자신이 살고 있던 바로 그 현장에서 예수님의 증거가 되기를 원하셨다. 그래서 주님은 그를 살린 후 그의 어머니에게 돌려보냈다. 그는 다시 어머니의 희망이 되었고 부지런히 살아갔을 것이며 이후 그로 인하여 더 큰 복음의 증거가 드러났을 것이다. 열매를 맺는다는 것은 삶의 자리를 근거해야 한다. 주님께서는 그것을 원하신다.

3. 삶의 자리에서 증거가 되기 위해서는 주님을 만나고 경험한 것을 통해 신앙의 진보가 이루어져야 합니다. 그런데 신앙과 삶이 일치되지 못하면 오히려 하나님의 영광을 가리게 됩니다. 그러므로 우리는 믿지 않는 자들에게 어떤 모습을 보여야 합니까? (딤전 4:15)

이 모든 일에 전심 전력하여 너의 성숙함을 모든 사람에게 나타나게 하라
(딤전 4:15)

모든 일에 최선을 다함으로 신앙의 성숙함을 보여야 한다.

주님은 우리가 살아가는 삶의 자리에서 열매를 맺음으로 주께 영광 돌리기를 원하신다. 주님은 큰 은혜를 입었을 때, 또는 특별한 이적을 체험했을 때, 모든 사람들이 삶의 자리를 버리고 오직 주님만을 위해서 산다고 하면서 신학을 하거나 전도자의 길을 가는 것을 원하지 않으신다. 베드로는 주님의 부르심을 받고 모든 것을 버리고 주를 좇았다. 그러나 베드로가 모든 것을 버렸다는 것은 과거 자신의 삶의 기반을 이루었던 사고와 관념 체계를 버린 것이지 삶의 자리를 버린 것은 아니다. 왜냐하면 베드로는 자신의 장모가 병들자 예수님을 모시고 그녀의 집을 방문하였고 주님이 그녀를 치료해 주신 사실이 있기 때문이다. 사실 주님은 많은 사람들에게 은혜를 베풀었지만 그들을 모두 삶의 자리로 되돌려 보냈다. 특별히 12명의 제자와 같이 온전히 주를 따른 사람도 있었지만 그들도 역시 삶의 자리를 완전히 부정하지는 않았다. 그렇다. 은혜 받은 사람일수록 삶의 자리를 부지런히 이끌어 가야 하는 것이다.

나의 열매 꿈꾸기

1. 당신이 이 땅에서 죽은 뒤 당신의 삶을 통해 이 땅에 남겨진 열매는 무엇이 있을지 생각해 보세요. 잘 생각이 나지 않으면 당신이 남기고 싶은 것을 꿈꾸고 상상해서 써 보세요.

   '내가 죽은 뒤에 나를 기억하는 사람들에게 나를 통해 얻은 선물들은 무엇이 있을지를 생각해보세요. 눈에 보이는 것도 좋고 눈에 보이지 않는 것도 좋습니다. 실제로 나의 재산을 남길 수도 있고, 좋은 습관이나 추억을 남길 수도 있을 것입니다. 내가 실제로 선물한 옷이나 장학금, 혹은 편지들을 남길 수도 있고, 나와 함께 찍은 사진들을 남길 수도 있겠죠. 혹시 여러분이 누군가의 신앙이 성장하도록 잘 도와주었다면 성숙한 신앙을 가진 기독교인이 남겨진 열매일 수도 있습니다. 여러분은 여러분의 삶을 통해 무엇을 남기고 싶으십니까? 상상해서 써 보세요.'

2. 앞에서 당신이 남기고 싶은 열매를 맺기까지 이 땅에서 몇 년의 삶이 남았다고 생각하나요? 남은 시간 동안 당신의 시간을 어떻게 써야 할지 써 보세요.

시기	열매를 남기기 위해 내가 할 일
50년 후 (년)	
40년 후 (년)	
30년 후 (년)	
20년 후 (년)	
10년 후 (년)	
5년 후 (년)	

3년 후 (년)	
2년 후 (년)	
1년 후 (년)	

두 번째로 생각해볼 것은 우리에게 남겨진 시간입니다. 우리는 언제든지 하나님께서 부르시면 이 땅에서의 삶을 정리하고 하늘나라로 가야 합니다. 그래서 남겨진 시간은 정해져 있습니다. 몇 년이 남았는지 알 수는 없지만, 언젠가는 삶을 정리해야 합니다. 여러분이 신앙의 열매를 남기기 위해 남겨진 시간동안 지금부터 무엇을 할지 생각해보는 시간을 가지려 합니다. 한 가지만 써도 되고, 할 것이 많으신 분은 많이 쓰셔도 됩니다.

고민하고 쓸 시간을 충분히 준 뒤 희망하는 학습자에 한해 자신이 쓴 1번과 2번 질문의 답을 같이 나누도록 한다. 서로의 신앙의 열매를 위해 중보기도하고 마친다.

새길말씀 외우기 ·······

오직 우리 주 곧 구주 예수 그리스도의 은혜와 그를 아는 지식에서 자라 가라 (벧후 3:18상)

결단의 기도 ·······

나의 능력되시는 주님! 내 삶의 자리를 통해 주께 영광 돌리기 원합니다. 이제 주를 의지하여 주님 주신 삶의 자리를 붙들며 나아가기를 원하오니 주님이 도우시고 인도하옵소서. 저의 삶 속에서 주님의 영광을 드러내게 하옵소서. 예수님의 이름으로 기도합니다. 아멘.

평신도 양육교재
평가하기

평가항목	세부사항	그렇다	그저 그렇다	아니다
인도자의 준비도	인도자는 본 과의 교육목적을 이룰 수 있도록 충 분하게 준비했습니까?			

교육목표의
성취도
	1. 학습자들이 믿음의 진보를 보이며 하나님을 위
	  해 살아가는 것이 인생의 목표가 되어야 함을
	  명확히 알게 되었습니까?
	2. 학습자들이 믿음의 열매를 맺는 삶을 살기로
	  결단하였습니까?			

학습자의 참여도	학습자들이 진지하고 적극적인 태도로 성경공부 에 임했습니까?			
성경공부의 분위기	성경공부를 진행하는 동안 분위기가 자연스럽고 편안했습니까?			
기 타 보완할 점	기타 보완할 점이나 건의사항이 있습니까?			

MEMO